Ethisches Investment

**Wo Geld vorangeht,
sind alle Wege offen.**
(Shakespeare)

VERBRAUCHER
ZENTRALE

Impressum

Herausgeber:

Verbraucher-Zentrale Nordrhein-Westfalen e. V.
Mintropstraße 27, 40215 Düsseldorf
Telefon 02 11/38 09-0, Telefax 02 11/38 09-1 72
E-Mail: vz.nrw@vz-nrw.de

Arbeitsgemeinschaft der Verbraucherverbände e. V.
Heilsbachstraße 20, 53123 Bonn
Telefon 02 28/64 89-0, Telefax 02 28/64 42 58
E-Mail: mail@agv.de

Institut für angewandte Verbraucherforschung e. V.
Aachener Straße 1089, 50858 Köln
Telefon 0 22 34/40 77-0, Telefax 0 22 34/40 77-22
E-Mail: ifav-koeln@t-online.de

Verbraucher-Zentrale Baden-Württemberg e. V.
Paulinenstraße 47, 70178 Stuttgart
Telefon 07 11/66 91-10, Telefax 07 11/66 91-50
E-Mail: info @ verbraucherzentrale.de

Verbraucher-Zentrale Hamburg e. V.
Kirchenallee 22, 20099 Hamburg
Telefon 0 40/2 48 32-0, Telefax 0 40/2 48 32-2 90
E-Mail: info@vzhh.de

Verbraucher-Zentrale Hessen e. V.
Große Friedberger Straße 13–17, 60313 Frankfurt am Main
Telefon 0 69/97 20 10-0, Telefax 0 69/97 20 10-50
E-Mail: vzh@verbraucher.de

Verbraucher-Zentrale Niedersachsen e. V.
Herrenstraße 14, 30159 Hannover
Telefon 05 11/9 11 96-0, Telefax 05 11/9 11 96-10
E-Mail: vzn@compuserve.com

Text	Dagmar Gabrio, Köln
Fachliche Betreuung	Thomas Bieler
Lektorat	Petra Geers, Essen
Gestaltung, Typografie	DES!GN Eva Kräling, Köln
Illustrationen	Jan Kruse, Hannover
Satz, Druck	Rasch Druckerei und Verlag, Bramsche
Buchbinderische Verarbeitung	Bramscher Buchbinder Betriebe

1. Auflage, April 2001, 10.000 Exemplare
ISBN 3-933705-09-6, Printed in Germany

Inhalt

Das Symbol › verweist auf Worterklärungen im Glossar, Seite 106 ff.

Einleitung

Die Deutschen sind ein reiches Volk – zumindest im Durchschnitt. Statistisch gesehen, hatte jeder Privathaushalt in Deutschland am Jahresende 2000 190.000 DM auf der hohen Kante. Damit verfügen die deutschen Haushalte über die Rekordsumme von mehr als 7 Billionen DM. Von 1996 bis 2000 ist das Vermögen hierzulande jährlich um 10% gewachsen (Quelle: »investor« 3/2001). Was tut man mit so viel Geld?

»Lassen Sie Ihr Geld für sich arbeiten!«, locken die Banken und Sparkassen. Doch mit diesem Werbespruch geben sich viele Anlegerinnen und Anleger nicht zufrieden. Sie akzeptieren nicht, dass ihre Spargroschen über die internationalen Finanzmärkte auch solchen Firmen und Institutionen zur Verfügung gestellt wird, deren Wirken sich mit ihren persönlichen Werten nicht vereinbaren lässt. Sie lehnen es ab, mit ihrem Kapital die Gentechnologie, die Rüstungs- oder die Atomindustrie zu finanzieren, und genau so wenig sind sie bereit, umweltschädigende Produkte und Verfahrensweisen zu fördern.

Immer mehr Anlegerinnen und Anleger möchten ihr Geld auf eine Weise investieren, die sie moralisch vertreten können: Statt es in anonyme Kapitalanlagen zu stecken, wollen sie damit umweltschonende Produkte fördern, den Ausbau der erneuerbaren Energien unterstützen, Selbsthilfe- und anderen sozialen Projekten zu günstigen Krediten verhelfen oder es einem guten Zweck zukommen lassen. Ein solches Engagement müssen die Investoren durchaus nicht mit dem Verzicht auf Rendite bezahlen – Ökofonds zum Beispiel haben in der Vergangenheit teilweise überdurchschnittliche Renditen erzielt.

Ethisches Investment gewinnt immer mehr an Bedeutung. Und die im Zuge der Rentenreform von der Bundesregierung beschlossene Berichtspflicht für die Anbieter privater Altersvorsorge wird für weiteren Auftrieb in der Branche sorgen: Diese müssen nämlich in Zukunft darlegen, inwiefern sie bei ihren Investitionen ethische und ökologische Belange berücksichtigen. Doch welche Kriterien entscheiden darüber, ob eine Anlage als ethisch gelten kann? Und welches Investment nützt wirklich der Umwelt? Wie sicher ist das Geld angelegt?

Eine fundierte Auseinandersetzung mit dem Thema ethisches Investment ermöglicht dieser Ratgeber. Im **ersten Kapitel** führen wir Sie in die Geschichte der moralisch verantworteten Geldanlage ein. Im **zweiten Kapitel** geht es um die Kriterien, die Sie bei Ihrer Anlageentscheidung – sei sie nun ethisch motiviert oder nicht – immer erwägen sollten. Im **dritten Kapitel** stellen wir jede einzelne Anlageform – vom Sparbuch bis zum Investmentklub – vor und klopfen sie im Hinblick auf Sicherheit, Renditeaussichten und Flexibilität ab. Welches Investment nützt der Umwelt? Auch diese Frage wird hier erörtert. Um das Thema Steuer dreht sich das **vierte Kapitel,** denn auch bei ethisch-ökologischen Geldanlagen hält Vater Staat die Hand auf. Leider gibt es auch auf dem Markt für ethisches Investment schwarze Schafe. Was Sie beachten müssen, um dubiosen Anbietern nicht auf den Leim zu gehen, erfahren Sie im **fünften Kapitel**. Im **Anhang** haben wir für Sie Adressen und Websites zusammengestellt, die den Weg zu weiteren Informationen weisen. Außerdem finden Sie hier ein Glossar mit den wichtigsten Begriffen aus der Welt der Finanzen und ein Stichwortregister.

Geld bewegt die Welt

Geschichte und Perspektiven des ethischen Investments

1

Geschichte des ethischen Investments

Verantwortungsbewusste Geldanlage aus religiöser Überzeugung

Die Idee, Geldanlage an moralischen Kriterien auszurichten, hat besonders im angloamerikanischen Sprachraum eine lange Tradition. Schon Anfang des 20. Jahrhunderts waren sich christlich geprägte Investoren in den USA, vor allem Methodisten und Quäker, der Macht des Geldes wohl bewusst. Ihre religiöse Grundhaltung verbot es ihnen, in Unternehmen zu investieren, die Geschäfte mit Alkohol, Tabak oder Waffen machten. Diese »sin stocks« (Sündenaktien) waren für sie ebenso tabu wie das Glücksspiel.

In den prostestgeschüttelten sechziger Jahren besannen sich die entstehenden politischen, ökologischen, feministischen, pazifistischen und Menschenrechtsbewegungen auf die Tradition des verantwortungsbewussten Investments. Die Gegner des Vietnamkrieges machten die Öffentlichkeit darauf aufmerksam, dass die Renditen der am Krieg beteiligten Unternehmen beständig wuchsen, und riefen dazu auf, ihnen die Unterstützung zu entziehen. Was zunächst als bloße Mittelverweigerung begann, führte 1971 zur Gründung des Pax World Funds, dem ersten ethischen Investmentfonds, der Geldanlage ausschließlich nach ökologischen, politischen, sozialen und religiösen Kriterien vornahm. Heutzutage sind »ethical funds« aus dem amerikanischen Wirtschaftsleben nicht mehr wegzudenken. Wie die Zeitschrift »politische ökologie« in ihrem Heft zum ethischen Investment (Heft 67/68, Dezember 2000) angibt, wird 13 % des in den USA angelegten Geldes nach ethischen Kriterien investiert; hierzulande sind es dagegen nur 0,1 %. Es ist davon auszugehen, dass die Entwicklung zur verantwortungsbewussten Geldanlage in Deutschland erst am Anfang steht.

1

Investment als politisches Druckmittel

Sehr wichtige Impulse für die Entwicklung des ethischen Investments gingen aus der Anti-Apartheid-Bewegung hervor: Apartheidsgegner kauften gezielt Aktien von Unternehmen, die Handelsbeziehungen mit dem rassistischen Regime in Südafrika unterhielten, um in den Genuss von Aktionärsstimmrechten zu kommen. So konnten sie bei den Aktionärsversammlungen Druck auf die Firmen ausüben, um sie zu einem Abzug aus Südafrika zu bewegen. Auch nach dem Ende des Apartheidsregimes in Südafrika hat der Ansatz der so genannten Shareholder Advocacy, die verantwortliche Ausübung der Aktionärsstimmrechte, nicht an Bedeutung verloren.

Nur wenige wissen, dass auch der Islam wichtige Denkanstöße für das ethische Investment gegeben hat. Die islamische Vermögensverwaltung schreibt bei der Auswahl geeigneter Anlagefonds Kriterien vor, die viele Gemeinsamkeiten mit den Werten des ethischen Investments in Europa oder in den USA aufweisen: beispielsweise das Verbot von Glücksspiel, Alkohol und Rüstungsgütern.

Ethisches Investment steht in Deutschland erst am Anfang

In Europa konnte die Idee der verantwortlichen Geldanlage erst recht spät an Boden gewinnen. So kam der erste ethische Investmentfonds, der auch europaweit agierte, erst 1984 auf den Markt: der »Stewardship Unit Trust« der britischen Versicherungsgesellschaft Friends Provident.

Es grünt so grün: der Markt für ethische Geldanlagen

Inzwischen hat sich der Markt für ethisches Investment auch hierzulande etabliert, und er expandiert. Direktbeteiligungen an ökologischen Unternehmen, allen voran Windkraftanlagen, liegen voll im Trend: 50.000 Menschen haben, so schätzt das Bundesumweltministerium, in die Betreibergesellschaften von Windenergie-Anlagen investiert und der Branche damit zu einem enormen Aufschwung verholfen. »Grüne« Aktien und ethisch-ökologische Investmentfonds sind gefragt wie nie zuvor und werden an Bedeutung weiter zunehmen. Dafür sorgt nicht allein die im Zuge der Rentenreform von der Bundesregierung beschlossene Berichtspflicht für Anbieter privater Altervorsorge (☞ Seite 79f.). Dafür sorgen auch simple wirtschaftliche Überlegungen: Unternehmen, Banken und Versicherungen erkennen zunehmend, dass es sich lohnt, Wert auf Umwelt- und Sozialverträglichkeit zu legen. Diese Faktoren erhöhen dauerhaft die Rendite und sichern den wirtschaftlichen Erfolg. Ein Grund liegt auf der Hand: Wer schon heute in puncto Umweltschutz mehr tut, als er aufgrund der aktuellen gesetzlichen Vorschriften müsste, braucht für die Zukunft keine kostspieligen Nachrüstungen zu befürchten.

Umweltfreundlichkeit fördert wirtschaftlichen Erfolg

Selbst im schwierigen Börsenjahr 2000 haben sich die meisten Umweltfonds recht gut entwickelt, so dass sich die Anleger in der Regel über einen Wertzuwachs freuen konnten. Diese Bilanz zogen die Experten auf dem Kongress »Grünes Geld«, der im Januar 2001 in Berlin stattgefunden hat. Der Naturaktien-Index NAX (☞ Seite 44) hat im Jahr 2000 kräftig zugelegt, während der Deutsche Aktienindex DAX nach seinem Höchststand im Frühjahr für den Rest des Jahres eher vor sich hindümpelte. So nimmt es nicht wunder, dass auch für kühl rechnende Anleger der »grüne« Kapitalmarkt höchst interessant ist. Dass ökologisches Investieren keineswegs Verzicht auf Rendite bedeuten muss, hat sich längst herumgesprochen. Heute tummeln sich auf dem Markt der »grünen« Geldanlage nicht mehr allein ökologisch und sozial engagierte Idealisten, sondern auch moderne Glücksritter, die auf eine anständige Rendite hoffen – »anständig« in doppelter Hinsicht.

Vorsicht Mogelpackung!

Doch nicht überall, wo »Öko« draufsteht, ist auch nur »Öko« drin, wie Experten zu Recht warnen: Der Markt für ethische Geldanleger ist noch immer sehr klein, während die Zahl der Menschen, die ihr Geld ethisch-ökologisch anlegen wollen, beständig steigt. »Es steht mehr Geld bereit, als in interessanten und seriösen ›grünen‹ Unternehmen anzulegen wäre«, beschreibt Jörg Weber, Herausgeber des Jahrbuchs »Grünes Geld«, die Lage. Angesichts dieser Situation betreiben manche Fondsmanager Etikettenschwindel und investieren einen Teil des Geldes in Unternehmen, die auch Rüstungsprojekte oder Gentechnik betreiben. Ein verbindliches Gütesiegel, das die Seriosität der Anbieter oder die angewendeten Kriterien bei der Auswahl der Papiere überprüft, gibt es bisher nicht (☞ Seite 22 f.).

Welches Investment ist ethisch?

Ethische Kriterien sind kulturell geprägt

Welche Geldanlage als ethisch bezeichnet werden kann und welche nicht, dafür gibt es naturgemäß keine allgemein gültige Definition. Vielfach sind die Kriterien historisch gewachsen und kulturell geprägt: So spielen religiöse Werte für US-amerikanische, christlich orientierte Anleger auch heute noch eine sehr viel größere Rolle als beispielsweise für deutsche Investoren, die eher auf Umweltschutz und Umwelttechnologie setzen. Dass die Kriterien, die der Anlageentscheidung zugrunde liegen, auch widersprüchlich sein können, belegt folgendes Beispiel: So lehnen viele christlich geprägte Investoren in den USA Geburtenkontrolle und Abtreibung strikt ab; eine Investition in Unternehmen, die Verhütungs- oder Abtreibungsmittel herstellen, ist für sie daher absolut tabu. Frauenrechtlerinnen begrüßen dagegen die Herstellung solcher Produkte und verweisen auf das Selbstbestimmungsrecht der Frauen. Für beide Grundhaltungen gibt es in den USA den passenden Investmentfonds. Letztlich hängt die Festlegung der Kriterien für die Anlageentscheidung also von den ganz persönlichen Werten eines jeden Anlegers und einer jeden Anlegerin ab. Das bedeutet umgekehrt: Wer sein Geld verantwortungsvoll anlegen will, muss sich mit der Materie beschäftigen und sich umfassend informieren.

Auch dem Bundesaufsichtsamt für Kreditwesen, der obersten Aufsichtsbehörde für die Zulassung von Investmentfonds, bereitet der Begriff »Ethik« Schwierigkeiten. Bis heute haben die Berliner Ordnungshüter keinen »ethischen Fonds« auf dem deutschen Markt zugelassen. Ihre Begründung: »›Ethik‹ ist ein interpretationsbedürftiger und moralischer Begriff, unter dem jeder etwas anderes versteht.« Deshalb werden die deutschsprachigen Umweltfonds im Nachbarland Luxemburg aufgelegt.

Eine ausführliche Darstellung und Diskussion der Kriterien, die bei der Auswahl der Aktien für »grüne« Fonds angelegt werden, finden Sie im dritten Kapitel dieses Ratgebers (☞ Seite 56ff.).

Auf welche Karte setzen?

Kriterien für die ethische Anlageentscheidung

2

Kriterien für die Anlageentscheidung

Wunschtraum eines jeden Anlegers: Das Geld möge dort, wo es liegt, nicht nur ganz sicher sein, sondern auch immer und sofort verfügbar und sich dabei so schnell wie möglich vermehren.

Doch eine Anlageform, die gleichzeitig absolut sicher ist, eine ausgezeichnete Rendite abwirft und dem Sparer auch noch die Möglichkeit bietet, kurzfristig auf das Kapital zuzugreifen, kann eben nur ein Wunschtraum sein. Wer Geld anlegt, muss stets abwägen, auf welche Karte er setzen will. Denn die drei Aspekte Rentabilität, Liquidität und Sicherheit stehen in Konkurrenz zu einander, ein Plus auf der einen Seite führt zwangsläufig zu einem Minus auf der anderen.

Wichtigstes Kriterium: Sicherheit

Oberste Priorität bei der Geldanlage sollte immer die **Sicherheit** haben. Auch auf dem Markt der ethischen Geldanlage sind Sie nicht vor schwarzen Schafen sicher, die unter dem Mäntelchen der Ethik eine gar nicht so ethische Geschäftemacherei betreiben – schon mancher Anleger hat seine Gutgläubigkeit mit dem Totalverlust seines Geldes bezahlen müssen. Vorsicht ist auf jeden Fall dann geboten, wenn Vermittler mit Renditeversprechen von 10% und mehr locken. Da sollte die Frage erlaubt sein, warum der Anbieter nicht lieber sein eigenes Geld in das Projekt investiert oder dazu einen günstigen Kredit aufnimmt.

Mehr Sicherheit bedeutet immer: weniger **Rentabilität**. So kann man davon ausgehen, dass eine Kapitalanlage mit hoher Gewinnerwartung in der Regel wesentlich mehr Risiken birgt als eine weniger lukrative Anlage.

Die schnelle und kostengünstige **Verfügbarkeit des Geldes** muss ebenfalls mit einer geringeren Rendite bezahlt werden. Wer sich die Möglichkeit offen lassen will, kurzfristig auf das Ersparte zuzugreifen, für den scheidet beispielsweise die Unternehmensbeteiligung als Anlageform aus.

Vor einer jeden Anlageentscheidung, sei sie nun ethisch-ökologisch geprägt oder nicht, sollten Sie sich die folgenden Fragen in aller Ruhe beantworten:

Das sollten Sie bedenken:

1. Möchte ich einen Einmalbetrag anlegen oder lieber regelmäßig kleinere Beträge einzahlen?
2. Wie sicher muss die Anlage sein?
3. Wie schnell will ich auf das Geld zurückgreifen können? Wie groß ist die Gefahr, dass ich das Kapital entgegen meiner Planung kurzfristig brauche?
4. Welches Ziel möchte ich mit meiner Anlage erreichen?
5. Suche ich eine bequeme Geldanlage, oder bin ich bereit, mich aktiv darum zu kümmern?
6. Wie ist meine steuerliche Situation?
7. Interessiert mich die Verwendung meiner Gelder?

Spielt die letzte Frage für Sie eine wichtige Rolle, schließen sich automatisch weitere Fragen an. So müssen Sie überlegen, welche ethischen Kriterien für Sie im Vordergrund stehen. Denn während einige Angebote ihre Auswahlkriterien allein an der Umweltfreundlichkeit von Investitionsobjekten ausrichten, beziehen andere auch soziale Aspekte in ihr Entscheidungsraster ein (☞ Seite 55ff.). Wenn Sie Wert darauf legen, unmittelbar nachvollziehen zu können, wohin Ihr Erspartes wandert, käme zum Beispiel die Unterstützung eines ethisch-ökologischen Projekts in Ihrer Nähe in Frage.

Was wollen Sie mit der Anlage erreichen?

Welche Anlageform ist die richtige?

Die Auswahl der Anlageformen, die für Sie in Frage kommen, ergibt sich aus Ihren Antworten auf die oben aufgeführten Fragen. Je nachdem, welches Anlageziel Sie verfolgen und was für ein Anlegertyp Sie sind, scheiden manche Anlageformen von vornherein aus. Wünschen Sie zum Beispiel ein sicheres, jederzeit verfügbares Investment, so brauchen Sie sich mit dem gesamten Bereich der Unternehmensbeteiligungen erst gar nicht zu beschäftigen: Hier müssen Anleger einen langen Atem haben und bereit sein, unternehmerische Risiken einzugehen.

Möchten Sie langfristig mit kleineren Monatsraten Vermögen aufbauen, bleibt zunächst eine Anlage in Sparbriefen außen vor. Denn hierfür müssen Sie im Normalfall zumindest 1.000 DM als Einstiegsbetrag mitbringen.

Besteht das Anlageziel im Aufbau einer Altersversorgung, macht es Sinn, eine langfristige Anlagestrategie zu entwickeln. Dies kann durchaus eine Kombination mehrerer Produkte sein. In solchen Fällen empfiehlt sich vor Vertragsabschluss unbedingt eine umfassende Beratung, in der Ihr persönliches Vorsorgekonzept entwickelt wird. Viele Verbraucher-Zentralen bieten solche Beratungen mittlerweile an. Die Adressen der Verbraucher-Zentralen finden Sie im Anhang (☞ Seite 114 f.).

Entwickeln Sie Ihre persönliche Anlagestrategie

Die vierte Dimension: ethische Kriterien

Grundsätzlich gilt: Für alle »konventionellen« Anlageprodukte gibt es heute eine »grüne« Alternative. Für verantwortungsbewusste Anlegerinnen und Anleger kommt zu dem »magischen Dreieck« aus Sicherheit, Rentabilität und Liquidität also eine vierte Dimension: der ökologisch-ethische Aspekt. Auf welche Weise lässt sich aber beurteilen, wie ethisch eine Anlageform ist?

Kein »blauer Engel« für Kapitalanlagen

Ein verbindliches Gütesiegel für ethisches Investment gibt es bisher nicht. Ein solches Siegel, auf Neudeutsch »Rating«, wäre in zweierlei Hinsicht hilfreich: Zum einen, um die Seriosität der Anbieter und Finanzvermittler zu überprüfen. Denn auch im Bereich der verantwortlichen Geldanlage gibt es schwarze Schafe, und wer auf sie hereinfällt, läuft Gefahr, um sein Erspartes gebracht zu werden (☞ Seite 98 ff.). Andererseits könnte bei Vergabe des Gütesiegels das Anlageprodukt nach ökologischen, sozialen und ethischen Kriterien überprüft werden, damit die Anleger sicher sein können, dass mit ihrem Geld nicht Dinge finanziert werden, mit denen sie nicht einverstanden sind.

Gerade angesichts des derzeitigen Booms der Öko- und Nachhaltigkeitsfonds wird das Fehlen eines Ratings deutlich spürbar. Denn bei manchen dieser Fonds drängt sich der Eindruck auf, dass ein »grünes« Aushängeschild der Bank lediglich neue Kundenkreise erschließen soll; das ökologische Engagement kommt dabei mitunter zu kurz. Einen ökologisch ausgerichteten Fonds aufzulegen ist nämlich ausgesprochen aufwändig: Zum einen haben es die Fondsgesellschaften mit einer überdurchschnittlich kritischen Kundenschaft zu tun, zum anderen erfordert die Überprüfung der Unternehmen in puncto Umwelt- und Sozialverhalten, ökonomische Verpflechtungen mit anderen Konzernen und schließlich auch Wirtschaftlichkeit einen enormen Arbeitsaufwand. Und den leisten nicht alle, die auf den Zug der Umweltfonds aufspringen.

Ein geeignetes Öko-Label würde für Transparenz sorgen. Ob es allerdings angesichts der Breite des Angebots und der sehr unterschiedlichen Interessen der Anleger überhaupt möglich ist, ein verbindliches Gütesiegel zu kreieren, darüber gehen die Meinungen in Fachkreisen sehr weit auseinander. Nachzulesen ist diese Diskussion in der Ausgabe der Zeitschrift »Natur & Kosmos« vom September 1999. Die Redaktion der Zeitschrift hatte angeregt, ein Zertifikat für »grüne« Geldanlagen aufzulegen.

Wer die Wahl hat ...
Eine Übersicht der Angebote und Anbieter

3

Ethisch-ökologische Geldanlage-formen

Anlegerinnen und Anleger, die sich der Macht des Geldes bewusst sind, können zwischen einer Vielzahl von ethisch-ökologischen Anlageprodukten wählen – zu beinahe jedem konventionellen Investment gibt es mittlerweile ein »grünes« Pendant: Das Spektrum reicht vom klassischen Sparbuch über Beteiligungen an Windkraftparks oder ökologischen Kaufhäusern bis hin zu ökologisch orientierten Lebensversicherungen. Umfassende Informationen zu den einzelnen Formen der Kapitalanlage enthält das folgende Kapitel. Darin stellen wir zunächst die Anlageform als solches vor und gehen dann detailliert auf die ethisch-ökologischen Varianten dieser Anlage ein.

Breites Angebot an »grünen« Anlage-produkten

3

Sparanlagen

Auch wenn es sich allmählich herumgesprochen hat, dass diese Form der Geldanlage nur unwesentlich mehr einbringt als das Sparen im Sparstrumpf – das Sparbuch ist im deutschsprachigen Raum noch immer das bekannteste und ein weit verbreitetes Instrument der Geldanlage.

Einfach, sicher und wenig einträglich: das Sparbuch

Das Prinzip ist ebenso einfach wie risikolos: Der Sparer überlässt sein Kapital einer Bank oder Sparkasse. Die zahlt ihm dafür Zinsen und arbeitet mit dem Geld. Das lohnt sich – zwar nicht für Anlegerinnen und Anleger, wohl aber für die Banken. Die verleihen das Geld nämlich zu sehr viel höheren Zinssätzen, als sie den Sparern zahlen.

Die Kreditinstitute unterliegen hierzulande einer strengen Aufsicht: Alle Sparkassen und die allermeisten Banken sind Mitglieder von Einlagensicherungsfonds. Diese Fonds garantieren den Sparern die Rückzahlung des gesamten angelegten Geldes im Fall einer Zahlungsunfähigkeit des Kreditinstituts. Einige kleine Institute bieten dagegen nur eine gesetzlich vorgeschriebene Mindestsicherung: Bei ihnen bekommten die Anleger nur 90 % ihrer Sparbeträge, maximal aber 20.000 € erstattet, wenn die Bank Insolvenz anmelden muss. Die betroffenen Kreditinstitute, darunter die UmweltBank, sind verpflichtet, ihre Kunden über diese Situation aufzuklären. Generell ist diese Form der Geldanlage sehr sicher, wenn auch nicht sehr rentabel.

Sicherungsfonds springen bei Zahlungsunfähigkeit der Banken ein

Ausführliche Informationen über das gesamte Spektrum der Anlageprodukte finden Sie in unserem Ratgeber »Sparen und Geldanlage«; ☞ Seite 119.

Etwas höher fällt die Verzinsung bei Sparkonten mit festen Laufzeiten und verlängerten Kündigungsfristen aus sowie bei Sparkonten mit besonderen Zinsvereinbarungen oder Sparbriefen, bei denen eine Summe über eine bestimmte Laufzeit festgelegt wird. Doch auch diese Anlageformen sind für die Sparer in der Regel nicht wirklich lohnend – wenn man sie in rein ökonomischer Hinsicht betrachtet. Berücksichtigt man hingegen den sozial-ökologischen Aspekt, dann kann die Rechnung ganz anders aussehen: Nämlich dann, wenn die Anleger ihr Geld einer Bank anvertrauen, die es nach ethischen Kriterien einsetzt.

Längere Laufzeit – höhere Zinsen

Renditeverzicht kann gut tun: Alternativbanken

In Deutschland gibt es heute drei Banken mit ethisch-ökologischer Ausrichtung: die 1974 in Bochum gegründete, anthrosophisch orientierte GLS Gemeinschaftsbank, die seit 1988 operierende Ökobank und schließlich, seit 1997, die in Nürnberg ansässige UmweltBank AG.

Zinsverzicht der Kunden ermöglicht zinsfreie Kredite

Die Alternativbanken verfahren zunächst nach demselben Muster wie die konventionellen Banken: Sie leihen die eingesammelten Gelder als Kredite wieder aus. Der – entscheidende – Unterschied liegt aber darin, was die Kreditinstitute mit dem Geld ihrer Kunden machen: Während die konventionellen Banken aufgrund des wesentlich höheren Zinssatzes bei den ausgegebenen Krediten hier ihren Reibach machen, verleihen die sozial-ökologisch orientierten Banken das Geld zu besonders günstigen Konditionen an ausgewählte Projekte, beispielsweise Biohöfe, Waldorf-Kindergärten oder Hersteller von Solar-Anlagen. Das können sie deshalb, weil viele ihrer Kunden auf einen Teil der Zinsen verzichten. Dafür haben die Anleger die Möglichkeit, bei der Verwendung ihrer Gelder mitzubestimmen und gezielt Bereiche zu unterstützen, die ihren persönlichen Überzeugungen entsprechen. Schon bei relativ geringem finanziellen Einsatz können sie auf diese Weise mit ihrem Sparguthaben Einfluss ausüben.

Die alternativen Banken bieten neben dem Sparkonto auch einige höher verzinste Anlageprodukte wie Termingeld oder Sparbriefe. Einen Überblick verschafft Ihnen die Tabelle auf Seite 34 f.

»Grüne« Sparanlage führt ein Schattendasein

Diese Möglichkeit nutzen allerdings nur wenige: Laut einer 1999 im Auftrag des Öko-Zentrums Hamm erstellten Studie beläuft sich die Summe der auf »grünen« Konten liegenden Spargelder auf etwa 900 Millionen DM. Zum Vergleich: Das Deutsche Institut für Wirtschaftsforschung schätzt das Volumen der in Deutschland geführten Sparkonten auf etwa 1,2 Billionen DM. Die »grünen« Konten bringen es damit auf einen Anteil von 0,00075 % (Quelle: Grünes Geld 2000/2001).

GLS Gemeinschaftsbank eG

Wenn man vor dem Haus Nummer 25 der Bochumer Oskar-Hoffmann-Straße steht, fällt es schwer zu glauben, dass sich hier die Niederlassung einer Bank befindet: kein Chrom, kein Glas, keine Leuchtschrift. Hier ist der Sitz der GLS Gemeinschaftsbank. Deutschlands wohl ungewöhnlichste Bank entstand 1974 aus einer Elterninitiative für eine Waldorfschule.

Kreditvergabe an ökologische und soziale Projekte

Das Kürzel GLS steht für: Gemeinschaft für Leihen und Schenken. Die Bank arbeitet nicht gewinnorientiert. In den vergangenen Jahren hat sie mehrere tausend meist zinslose Kredite an Biohöfe, pädagogische Initiativen, Produzenten von regenerativer Energie oder soziale Projekte vergeben, wobei die Kreditnehmer lediglich eine Kostendeckungsumlage von ca. 4,5 % zu entrichten hatten. Die Anleger können bei der Kontoeröffnung ihre Wünsche hinsichtlich der Verwendung ihrer Einlagen angeben. Beim »Philharmonie- Fördersparbrief« fließen die Zinserträge beispielsweise an die Junge Deutsche Philharmonie. Entscheiden sie sich für ein »Grünes Konto« (Mindesteinlage: 500 DM), so werden die eingezahlten Beträge ausschließlich für

den Bereich ökologischer Landbau und regenerative Energien verwendet. Auch beim Anlageprodukt »Termingeld Regenerative Energien« (Mindesteinlage: 500 DM, Laufzeit: vier Jahre) wird das eingezahlte Geld zweckgebunden eingesetzt, für Wind- und Wasserkraftprojekte sowie Initiativen im Bereich der Solarenergie. Der vierteljährlich erscheinende »Bankspiegel« gibt Auskunft darüber, welche Kreditbeträge für welche Zwecke verwendet worden sind.

Die Bank arbeitet bundesweit und unterhält Filialen in Hamburg und Stuttgart. Im Jahr 1999 belief sich ihre Bilanzsumme auf 329 Millionen DM. Sie ist Mitglied im Sicherungsfonds der Genossenschaftsbanken.

Ökobank eG

»Geld und Leben« – mit diesem Leitspruch wandten sich die Frankfurter Ökobanker 1988, begleitet von großem Interesse der Medien, erstmals an die Öffentlichkeit. Nicht weniger als 12.000 Menschen waren an der Gründung der Alternativbank beteiligt; gemeinsam hatten sie das notwendige Gründungskapital von 7 Millionen DM aufgebracht.

Anleger können über die Verwendung ihrer Gelder bestimmen

Neben beinahe sämtlichen klassischen Geldanlageformen bietet auch die Ökobank so genannte Fördervarianten ihrer Sparprodukte. Dabei verzichten die Kunden auf mindestens ein Drittel ihrer Zinsen und ermöglichen damit die Vergabe von verbilligten Darlehen an Kreditnehmer. Gefördert werden Projekte mit den Schwerpunkten Ökologie, Emanzipation und soziales Engagement. Für Sparer, die selbst bestimmen möchten, welche Betriebe und Initiativen in den Genuss zinsgünstiger Darlehen kommen sollen, eignen

sich die Förder-Sparbriefe. Dieses Geld fließt in Umweltschutzprojekte, gemeinschaftliche Wohnprojekte, Bildungseinrichtungen und künstlerische Projekte. Anders als die GLS- und die UmweltBank agiert die Ökobank als Universalbank. Hier können die Kunden auch ein Girokonto führen, das ebenso wie die anderen Bankdienstleistungen der Ökobank marktübliche Konditionen bietet.

Derzeit durchlebt die Ökobank eine ernste Krise. Ursache dafür sind drei im Geschäftsjahr 1999 geplatzte Großkredite sowie Einbrüche bei den Erträgen. Die Bank konnte die drohenden Verluste nicht aus eigener Kraft abdecken und war daher auf die Hilfe des so genannten Feuerwehrfonds, der Sicherungseinrichtung des Bundesverbandes der Volksbanken und Raiffeisenbanken, angewiesen. Ende September 2000 gab die Ökobank bekannt, das Bankgeschäft sei wieder weitgehend risikofrei, da alle schwierigen Kreditengagements an andere Banken übertragen worden seien. Ab dem Jahr 2001 will die Ökobank nach Kosteneinsparungen, Verbesserungen beim Service und verstärkten Vertriebsaktivitäten wieder schwarze Zahlen schreiben.

Ökobank hat Krise überwunden

UmweltBank AG

Als die Nürnberger UmweltBank AG Anfang 1997 ihre Banklizenz erhielt, hatte das ökologisch und sozial verträgliche Investment längst sein Nischendasein als »Steckenpferd für alternative Sonderlinge« aufgegeben und an Bekanntheit und Akzeptanz gewonnen. Doch ihm haftete nach wie vor der Ruf an, nicht sonderlich ertragreich zu sein.

Jüngste der Alternativbanken: UmweltBank

Mit diesem Vorurteil wollten die fränkischen Umwelt-Banker aufräumen. Sie arbeiten gewinnorientiert. So bietet die UmweltBank Sparbücher und -verträge ebenso wie Sparbriefe und Festgeldkonten zu durchweg marktgerechten Konditionen.

Ausgeschlossen sind Investitionen in Braun- und Steinkohlekraftwerke, Atom- und Rüstungsindustrie. Dagegen haben Unternehmen, die sich mit regenerativer Energieerzeugung, umweltfreundlichem Bauen oder umweltschonenden Verkehrsmitteln beschäftigen oder sich durch eine nachhaltige Wirtschaftsweise auszeichnen, gute Chancen auf Kredite zu Vorzugskonditionen. Neue Wege geht die Bank auch bei der Vergabe von Hypothekendarlehen an private Häuslebauer: Der Zinssatz ist umso niedriger, je ökologischer die Immobilie geplant und gebaut wird. Großen Wert legt die Bank auf die ökonomische und ökologische Bonität aller Kredite. Ein mehrstufiges Beurteilungsverfahren, dem alle Kreditnehmer unterzogen werden, soll ein stabiles und solides Kreditportfolio garantieren.

Das Konzept scheint aufzugehen: Im Jahr 2000, ihrem vierten Geschäftsjahr, hat die UmweltBank eine Bilanzsumme von 415 Millionen DM erwirtschaftet. Im Sommer 2001 will die Bank an die Börse gehen. Die UmweltBank gehört keinem Sicherungsfond an, sondern verfügt nur über die gesetzlich vorgeschriebene Mindestsicherung der Einlagen (☞ Seite 28).

Die Adressen der drei Banken finden Sie im Anhang, Seite 112.

Sparprodukte der Alternativbanken
(Auswahl)
Stand: Januar 2001

	GLS Gemeinschaftsbank
Sparkonto	Sparkonto oder »Grünes Konto« mit 500 DM Mindesteinlage mit dreimonatiger Kündigungsfrist: 0 bis 2,25 % mit zwölfmonatiger Kündigungsfrist: 0 bis 3,0 %
Festgeld	Nur in individueller Absprache mit den Anlegern.
Sparbrief	Mindestsumme: 1.000 DM, Laufzeit: 2 bis 10 Jahre 2 Jahre: 0 bis 3,0 % 10 Jahre: 0 bis 4,5 %
Girokonto	In eingeschränktem Umfang nur für Kreditnehmer; »Rücklagenkonto« als Anlagekonto und für Zahlungsverkehr geeignet.
Fördervarianten	Bis zur angegebenen Obergrenze können die Anleger die Höhe der Verzinsung selbst bestimmen. Bei verschiedenen Sparprodukten verzichten sie ganz auf eine Verzinsung ihrer Einlagen; dieses Geld wird zweckgebunden eingesetzt (zum Beispiel Junge Philharmonie).

	Ökobank	UmweltBank
Sparkonto	Mit dreimonatiger Kündigungsfrist; Sparbetrag bis 5.000 DM: 1,0 % ab 5.000 DM: 2,3 % ab 25.000 DM: 3,2 % ab 100.000 DM: 3,5 %	UmweltPluskonto bei täglicher Verfügbarkeit: 3,25 % ab 30.000 DM: 3,75 % ab 100.000 DM: 4,25 % UmweltSparbuch mit dreimonatiger Kündigungsfrist: 3,1 % (+ 0,25 %, wenn das Geld ein Kalenderjahr lang unangetastet bleibt)
Festgeld	Mindestsumme: 5.000 DM, Mindestlaufzeit: 1 Monat je nach Anlagebetrag: 2,5 bis 4,0 %	Bietet kein Festgeld im herkömmlichen Sinn an. UmweltSparbuch Extra: Mindestsumme von 5.000 DM liegt 2 Jahre fest: 4,5 %, danach gelten die Konditionen des UmweltSparbuchs.
Sparbrief	Mindestsumme: 2.000 DM, Laufzeit: 1 bis 10 Jahre je nach Anlagebetrag und Laufzeit: 4,0 bis 4,6 %	Mindestsumme: 1.000 DM, Laufzeit: 1 bis 10 Jahre 1 Jahr: 4,5 % 10 Jahre: 5,25 %
Girokonto	Privates Girokonto: Kontoführungsgebühr 8 DM pro Monat (4 DM bei Internet-Banking); Guthabenverzinsung ab 25.000 DM	Bietet kein Girokonto an.
Fördervarianten	Bietet für alle Konten auch Fördervarianten, bei denen die Kunden auf einen Teil ihrer Zinsen verzichten. Dieses Geld kommt den geförderten Projekten zugute.	Bietet keine Fördervarianten an.

Aktien

Aktien: Anteile an Unternehmen

Mit einer Aktie erwirbt der Anleger einen Anteil am Kapital eines Unternehmens, der Aktiengesellschaft (AG). Bei einer Neuemission, also wenn ein Unternehmen erstmals an der Börse auftritt, oder wenn es im Zuge einer Kapitalerhöhung neue Anteilscheine ausgibt, fließt der für das Wertpapier gezahlte Preis – abzüglich der Kosten, beispielsweise Provisionen – direkt der AG zu. Das Unternehmen kann mit dem Geld arbeiten und braucht keine teuren Kredite aufzunehmen – was gerade für kleine innovative Firmen, die noch dazu bisher unbekannte Geschäftsfelder bedienen, oft ein unüberwindliches Hindernis darstellen würde.

Aktien nicht ohne Risiko

Dem Käufer der Aktien eröffnet sich die Chance, am Firmenerfolg teilzuhaben. Wächst der Ertrag des Unternehmens, so erhalten die Aktieninhaber Dividenden. Viel größere Bedeutung kommt aber den Kurswertsteigerungen zu: Je rentabler eine AG arbeitet, desto größer die Nachfrage nach ihren Aktien und desto höher der Kurs. In schlechten Jahren muss der Anleger dagegen Kursverluste oder gar Kurseinbrüche hinnehmen, die dramatische Ausmaße haben können. Deshalb sollte man sein Geld nur dann in Aktien investieren, wenn man bei der Geldanlage einen langen Atem hat und Talfahrten des Wertpapiers in Ruhe aussitzen kann.

Aktien auf dem Vormarsch

»Die Deutschen geben mehr Geld für Bananen als für Aktien aus« – dieser Ausspruch eines Börsenfachmanns mag vor zehn Jahren das hiesige Anlageverhalten charakterisiert haben, heute gilt er nicht mehr. Die erfolgreiche Platzierung der Telekom-Aktie, spätestens aber die Eröffnung des Neuen Marktes im Frühjahr 1997 führten dazu, dass die frühere Skepsis gegenüber den Anteilscheinen einer regelrechten Aktien-Euphorie Platz gemacht haben. So besaßen im ersten Halbjahr 2000 laut Aussage des Deutschen Aktieninstitut 11,32 Millionen Deutsche Aktien oder Aktienfonds.

Im Lanzeitvergleich betrachtet, ließen sich mit Aktien zwar in der Regel höhere Renditen erwirtschaften als mit festverzinslichen Wertpapieren, doch das Spekulieren mit Aktien ist nicht ohne Risiken. Es erfordert gute Kenntnisse von Märkten, Branchen und Unternehmen, ebenso wie ein solides Verständnis des Börsengeschehens. Wer nicht bereit ist, sich diese Kenntnisse zu erarbeiten, sollte im Zweifelsfall lieber Profis das Feld überlassen und in Fonds investieren.

Grundlegende Informationen zu Aktien enthält unser Ratgeber »Sparen und Geldanlage«, ☞ Seite 119.

Börsennotierte »grüne« Aktien

Was sind »grüne« Aktien?

Wer bei seiner Bank oder Sparkasse nach »grünen« Aktien fragt, wird wahrscheinlich auf Unverständnis stoßen: Solche Aktien gibt es nämlich eigentlich gar nicht. Bei den Papieren, die im Volksmund als »grüne« Aktien bezeichnet werden, kann es sich um ganz unterschiedliche Arten von Anteilscheinen handeln, nämlich:

- Aktien von Umwelttechnik-Unternehmen,
- Aktien von meist kleinen Firmen, die in einem bestimmten Segment als »grüne Pioniere« auftreten, oder
- Aktien von Unternehmen, die als »öko-effizient« bewertet wurden oder die als »Öko-Leader« in ihrer Branche gelten.

Chance für grüne Pioniere ...

Gerade für ökologisch orientierte Unternehmen ist die Aktienemission als kostengünstiges Instrument der Kapitalbeschaffung von besonderer Bedeutung: Die jungen und häufig recht kleinen Firmen erhalten nur in Ausnahmefällen einen Bankkredit; ohnehin könnten sie die Zinslast nur sehr schwer bewältigen. Für die Anleger bietet sich hier ein Markt mit großem Renditepotenzial, aber nicht ohne Gefahren: Was für die Aktie im Allgemeinen gilt – sie birgt ein hohes Risiko, vor allem bei einer nur kurzfristigen Anlage – gilt für die Aktien ökologisch orientierter Unternehmen in noch stärkerem Maß. Je kleiner ein Unternehmen und je spezieller die Nische, in der es tätig ist, desto riskanter das Investment in seine Aktien.

... kann Risiko für Anleger sein

Bei den an dritter Stelle genannten »Öko-Leadern« handelt es sich um Unternehmen, die gemäß dem »best-in-class«-Ansatz (☞ Seite 56) zu den umweltfreundlichsten in ihrer Branche gezählt werden. Sie sind also umweltfreundlicher als ihre Mitbewerber, aber deshalb noch keine Umweltengel – daher gilt das Investment in solche Firmen bei Umwelt-Fundamentalisten als nicht statthaft. Ausführlicher wird diese Diskussion auf Seite 55 ff. behandelt.

3

Aktionäre müssen sich informieren

Das A und O einer erfolgreichen Aktienanlage ist Information. Insbesondere über Neuigkeiten aus den Unternehmen und über den Stand der Kurse sollten Anteilseigner stets auf dem Laufenden sein.

Informationsquellen

Regelmäßige Informationen über umweltfreundliche Unternehmen und »grüne« Aktien finden sich in dem zweiwöchig erscheinenden Informationsdienst »Öko-Invest«, der Zeitschrift »Öko-Test« oder dem monatlich erscheinenden Informationsdienst »punkt.um«. Auch die Stiftung Warentest berichtet in der Zeitschrift »Finanztest« in unregelmäßigen Abständen über Themen aus dem Bereich des ethisch-ökologischen Investments. Besonders zu empfehlen ist der Internetdienst Ecoreporter (www.ecoreporter.de).

Wer in Aktien investieren will, sollte sich nicht nur umfassend informieren, sondern seine Anlage auch möglichst breit streuen. Die Zahl der Unternehmen, die bestimmte Umwelt- und Sozialstandards erfüllen, ist allerdings noch sehr gering und der breiten Masse häufig unbekannt. Für Anleger, die sich auf dem Börsenparkett nicht zu Hause fühlen, empfiehlt sich daher dringend, die Hilfe professioneller Berater in Anspruch zu nehmen.

Bewertung der Unternehmen nach ökologischen und sozialen Kriterien

Öko-Rating

Wirtschaftliche Beurteilungen von Unternehmen sind üblich. Ihre Bewertung nach ökologischen Gesichtspunkten ist jedoch relativ neu. Dieser Aufgabe widmen sich weltweit etwa 30 Organisationen; im deutschsprachigen Raum tritt dabei besonders die Münchener Agentur oekom research AG hervor. Sie untersucht internationale börsennotierte Aktiengesellschaften mit Blick auf Produkte und Produktionsabläufe, Fragen des Energiemanagements, der Entsorgung und Logistik und vieles mehr.

Beim Umwelt-Rating bewertet oekom die ökologischen Aktivitäten eines Unternehmens in drei Untersuchungsbereichen auf einer zwölfstufigen Skala. Die Benotungen reichen von D^- (= das Unternehmen orientiert sich an den gesetzlichen Anforderungen und zeigt darüber hinaus kein Umweltengagement) bis A^+ (= das Unternehmen ist im Umweltbereich besonders progressiv).

Dass ökologische Aspekte für die finanzielle Bewertung von Unternehmen eine immer größere Bedeutung gewinnen, zeigt nicht zuletzt die Tatsache, dass die renommierte Finanzagentur Bloomberg sämtliche dieser Ratings in englischer Übersetzung in ihre weltweit über 100.000 Informations-Terminals eingespeist hat.

Unternehmensbewertungen nach sozialen und ökologischen Gesichtspunkten führt auch das in Hannover ansässige Institut für Markt-Umwelt-Gesellschaft (imug) durch. Seit ein paar Jahren hat es seine Aktivitäten auf Forschungen zum ethischen Investment ausgedehnt. Im Auftrag des NAX-Beirats bewertet das imug auch Unternehmen, die in den Naturaktien-Index aufgenommen werden sollen.

3

Indizes geben Orientierung

Wer vergleichen will, braucht einen Vergleichsmaßstab. Will man beispielsweise die Preisentwicklung bei Benzin beurteilen, macht es wenig Sinn, nur zu untersuchen, wie viel Geld man zu welchem Zeitpunkt für einen Liter Treibstoff zahlen musste. Sinnvolle Aussagen zur Preisentwicklung sind nur möglich, wenn man den Benzinpreis in Bezug setzt zum Preisindex. Der wird ermittelt, indem die Preisentwicklung eines ganzen Warenkorbs gemessen wird – der Preis des Liters Benzins wird also verglichen mit dem Preis eines Brotes, eines Liters Milch oder einer Kinokarte, der zu diesem Zeitpunkt üblich war.

Ebenso wird verfahren, wenn man die Kursentwicklung von Aktien vergleicht: Als Vergleichsmaßstab dient ein Aktienindex. Darin fasst man aber nicht beliebige Aktien zusammen, sondern wählt sie nach bestimmten Gesichtspunkten aus: Mal werden internationale, mal nur europäische Aktien verglichen und mal nur solche von Firmen, die am Neuen Markt operieren – oder eben nur Aktien von Unternehmen, die als nachhaltig gelten.

Den wohl bekanntesten Index entwickelte bereits 1896 in den USA das Börsenblatt Dow, Jones & Co. Sein Dow Jones Industrial Average Index spiegelt das Börsengeschehen am Beispiel der Kurse von 30 repräsentativen amerikanischen Industrieaktien. Er ist bis heute das Börsenbarometer der Wall Street und des gesamten amerikanischen Aktienmarkts. Sein hiesiges Äquivalent ist der Deutsche Aktienindex, kurz DAX. Er setzt sich aus den 30 größten inländischen Standardpapieren zusammen und reflektiert die Kursentwicklung des deutschen Aktienmarktes.

Naturaktien-Index

Börsenbarometer für Umwelttitel

Am Kriterium der Nachhaltigkeit (☞ Seite 45), insbesondere der Ökologie, orientiert sich der Naturaktien-Index (NAX). Er wurde am 1. April 1997 von der Münchener Zeitschrift »Natur & Kosmos« und dem Herausgeber des Branchendienstes »Öko-Invest«, Max Deml, ins Leben gerufen. Er verfolgt einen breiten ökologischen Ansatz und versteht sich als Börsenbarometer für Umwelt-Titel.

Der NAX enthält 20 internationale »grüne« Aktien. Um in den Index aufgenommen zu werden, müssen die Unternehmen nicht nur wirtschaftlichen Erfolg vorweisen, sondern in ihrer jeweiligen Branche eine ökologische Vorreiterrolle spielen. Die Betriebe müssen außerdem öko-effizient arbeiten (durch Einsparung von Energie, Wasser und Rohstoffen) und eine nachhaltige Wirtschaftsweise verfolgen. Tabus: Die Unternehmen dürfen weder zur Atom-, Rüstungs-, PVC- oder Tabakindustrie gehören, noch dürfen ihnen Verletzungen der Menschenrechte nachgesagt werden.

Beirat prüft Umweltfreundlichkeit der Unternehmen

Wie bei allen Aktienindizes ist auch die Zusammensetzung des NAX dynamisch. Das bedeutet: Wenn eine Aktie die Kriterien nicht mehr erfüllt – beispielsweise weil das Unternehmen von einem weniger »grünen« Konzern aufgekauft worden ist oder die Aktie die Hälfte ihres ursprünglichen Wertes verloren hat –, wird die Gesellschaft aus dem Index genommen und durch ein anderes Umweltunternehmen ersetzt.

Regelmäßig nachzulesen ist der NAX in der Zeitschrift »Natur & Kosmos«, der Tageszeitung »taz« und im Börsenbrief »Öko-Invest«. Welche Aktien im Januar 2001 im NAX enthalten waren, erfahren Sie aus der Übersicht auf Seite 44.

Naturaktien-Index Stand: Januar 2001

Unternehmen	Branche	Land	WKN
Astropower	Solarenergie	USA	912953
Bank Ochrony Srodowiska	Bank	Polen	wird in Deutschland nicht gehandelt
Body Shop	Kosmetik/ Körperpflege	GB	870803
Boiron	(homöopathische) Arzneimittel	Frankreich	873532
Grontmij	Consulting	Niederlande	870731
Horizon Organic Hold	Lebensmittel	USA	915302
Jenbacher AG	Energie- und Transportsysteme	Österreich	851442
Kunert AG	Bekleidung	Deutschland	634190
Mayr-Melnhof-Karton AG	Kartons und Verpackung	Österreich	890447
Miller, Herman	Möbel	USA	863205
NEG Micon	Windkraftanlagen	Dänemark	897922
Real Goods Trading	Handel	USA	906899
Severn Trent	Wasser	GB	878228
Shimano	Fahrradteile	Japan	865682
Sunrise Medical	Medizin und Hilfsmittel	USA	868487
Timberland	Bekleidung und Schuhe	USA	923588
Tomra Systems	Leergutautomaten	Norwegen	872535
Triodos Bank	Finanzwesen	Niederlande	884004
Wedeco AG	Wasserreinigung	Deutschland	514180
Whole Foods Market	Einzelhandel	USA	886391

Dow Jones Sustainability Group Index

Weniger streng als der NAX wird ein anderer »grüner« Aktienindex überwacht, dessen Gründung im September 1999 weltweites Aufsehen erregt hat: der Dow Jones Sustainability Group Index (DJSGI).

Nachhaltig orientierte Unternehmen überdurchschnittlich erfolgreich

Er wurde von der Zürcher Anlagegesellschaft Sustainable Asset Management (SAM) ins Leben gerufen. Die hatte in akribischer Recherchearbeit die 2.000 größten Unternehmen, die im berühmten Börsenbarometer Dow Jones Global Index vertreten sind, auf ihre Nachhaltigkeit (☞ unten) hin untersucht. Das nach dieser Bewertung beste Zehntel wurde in einem Index zusammengefasst, den die Schweizer niemand Geringerem vorstellten als dem Präsidenten der amerikanischen Dow Jones-Gruppe. Sie schlugen ihm vor, doch einmal auszurechnen, was herausgekommen wäre, wenn man vor einigen Jahren in die Aktien dieser Unternehmen investiert hätte. Das Ergebnis übertraf alle Erwartungen: Die Aktien der nachhaltigen Unternehmen hatten sich in den zurückliegenden fünf Jahren besser entwickelt als der herkömmliche Dow Jones Global Index. Dies werteten die Analysen bei SAM als Indiz dafür, dass Nachhaltigkeit ein Charakteristikum für Spitzenreiter sei – auch in ökonomischer Hinsicht.

Als **»nachhaltig«** – häufig wird auch das englische Wort »sustainable« verwendet – bezeichnet man ein umweltfreundliches und sozial angemessenes Verhalten, das die Interessen der nachfolgenden Generationen zu wahren sucht.

Im September 1999 war es dann so weit: SAM und Dow Jones präsentierten ihr neues Gemeinschaftsprodukt, den DJSGI. Genau genommen handelt es sich dabei um eine ganze Indexfamilie, die einen globalen Aktienindex, drei regionale Indizes (Europa, Nordamerika, Asien/Pazifik) und einen nationalen Teilindex (USA) umfasst. SAM und Dow Jones haben mehrere Lizenzen für Nachhaltigkeitsfonds verkauft. Diese Indexfonds bilden jeweils einen der Nachhaltigkeitsindizes aus der Dow Jones Gruppe ab.

Nachhaltigkeits-Index nicht unumstritten

Allerdings hat der DJSGI auch Kritik hervorgerufen: Zum einen ist die vorgenommene rückwärtige Betrachtung von Aktienentwicklungen nicht unumstritten: Um an Aktien des Nachhaltigkeitsfonds zu verdienen, hätte man im Jahr 1994 bereits die Informationen über die Nachhaltigkeit dieser Firmen besitzen müssen, die erst im Jahr 1999 bekannt waren. Zum anderen sei, so die Kritiker, nicht eindeutig festzustellen, ob die nachhaltigen Firmen tatsächlich die erfolgreichsten seien oder ob nicht vielmehr nur die erfolgreichen Unternehmen sich Nachhaltigkeit leisten könnten. Darüber hinaus ist dem DJSGI vielfach vorgeworfen worden, bei der Auswahl der als nachhaltig geltenden Aktien zu wenig streng zu sein und auch Unternehmen aufzunehmen, die Landminen herstellen oder Erdöl fördern. Doch die Taktik der Analysten von SAM ist in jedem Fall aufgegangen: Die Umweltbesten einer Branche als Vorbild für die anderen herausstellen, damit diese den Spitzenreitern nacheifern.

Nachhaltigkeit – Privileg der Erfolgreichen?

Außerbörsliche Umwelt-Aktiengesellschaften

Aktien müssen nicht zwangsläufig an der Börse notieren; es gibt auch außerbörslich gehandelte Anteilscheine von Unternehmen, die noch nicht an der Börse operieren. Diese Papiere bieten große Risiken, aber auch große Chancen, denn gerade hier könnten sich die »ökologischen Perlen« von morgen finden. Noch mehr als bei den börsennotierten Aktien empfiehlt es sich bei einem Engagement in diesem Bereich, die Hilfe von erfahrenen Beratern in Anspruch zu nehmen, da außerbörsliche Aktien nur über spezielle Händler für dieses Marktsegment erhältlich sind.

So kommen Sie an Aktien

Auswahl »grüner« Aktien: Einen ersten Überblick darüber, welche »grünen« Aktien es gibt, verschafft Ihnen ein Blick in das › Portfolio von ethisch-ökologisch orientierten Aktienfonds. Weitere Orientierungshilfen bieten der Naturaktien-Index (NAX; ☞ Seite 44) sowie die Ergebnisse des Öko-Ratings der Münchener Agentur oekom research AG (☞ Seite 40f.).

Kauf: Der herkömmliche Weg zum Aktienkauf führt über ein Kreditinstitut Ihrer Wahl, bei dem Sie zunächst ein Depot eröffnen müssen. Sie wissen wahrscheinlich, welche Aktien Sie kaufen möchten, kennen aber ihren aktuellen Preis nicht. Daher können Sie der Bank eine Preisobergrenze für den Kauf setzen, ein so genanntes Limit. Liegt der Kurs höher, kauft die Bank nicht. Auch beim Verkauf können Sie ein Limit setzen, so dass die Bank die Aktien nur zu einem bestimmten

Mindestverkaufspreis veräußern darf. Soll ein Auftrag auf jeden Fall ausgeführt werden, geben Sie den Zusatz »billigst« für den Kauf und »bestens« für den Verkauf.

Nebenkosten: Banken und Sparkassen verlangen für Kauf oder Verkauf von Aktien eine Provision, in der Regel 1 % des Kurswertes. Allerdings muss für kleinere Aktienpakete eine Mindestgebühr gezahlt werden. Hinzu kommt eine Maklerprovision, die »Courtage«. Sie beträgt normalerweise 0,08 %; bei Aktien, die im Deutschen Aktienindex enthalten sind, dagegen nur 0,04 %. Unter Umständen fallen dazu noch Abrechnungsgebühren der Börse an. Außerdem müssen Sie eine jährliche Gebühr für die Führung des Depots bezahlen. Kauf und Verwaltung ausländischer Aktien sind übrigens teurer als bei inländischen Werten.

Wer schon ein wenig Erfahrung mit Aktien hat und auf Beratung verzichten kann, spart bis zu 50 % der Provisionen, wenn er bei einer Direktbank oder einem Discountbroker kauft, wie Consors, Comdirect oder die Direkt Anlage Bank. Diese wickeln ihre Geschäfte über das Internet ab.

Beispiele »umweltfreundlicher« Aktiengesellschaften

Zu den wohl bekanntesten und berühmtesten »umweltfreundlichen« Börsentiteln zählen die beiden folgenden Unternehmen:

Ben & Jerry's (USA)

1978 eröffneten Ben Cohen und Jerry Greenfield eine Eisdiele in einer ehemaligen Tankstelle im Nordosten der USA. Heute ist daraus ein Unternehmen mit rund 700 Mitarbeitern und 155 Millionen Dollar Jahresumsatz geworden.

Eiscrème-Konzern fördert sozial Benachteiligte.

Soziale Gerechtigkeit, Solidarität und ein sorgfältiger Umgang mit natürlichen Ressourcen spielten von Anfang an eine wichtige Rolle in der Geschäftspolitik der Firma. Ehemalige Strafgefangene wurden zu Franchise-Nehmern von Eisdielen und ethnische Minderheiten zu bevorzugten Lieferanten. Die Mitarbeiter erhalten überdurchschnittliche Löhne und Sozialleistungen. Ben & Jerry's lassen komplette Umweltbilanzen und Sozialberichte von renommierten Beratungsfirmen erstellen. Mit 7,5 % des Vorsteuergewinns ist der Spendensatz der höchste aller börsennotierten Aktiengesellschaften in den USA. Die Spenden werden überwiegend zur Unterstützung unbequemer politischer Organisationen eingesetzt. Inzwischen ist der Großkonzern Unilever an Ben & Jerry's beteiligt. Welchen Einfluss er auf die Unternehmenspolitik nehmen wird, muss die Zukunft erweisen.

The Body Shop (Großbritannien)

Bekannt wurde das englische Kosmetikunternehmen The Body Shop durch den Einsatz von weitgehend natürlichen Inhaltsstoffen, wiederverwertbaren Verpackungen und den Verzicht auf Tierversuche.

The Body Shop setzt in seiner Firmenpolitik auf Respekt gegenüber Mensch und Umwelt: Er minimiert Energie- und Materialverbrauch bei der Produktion und zahlt Rohstofflieferanten in der »Dritten Welt« Preise, die über dem Weltmarktniveau liegen. Das wirtschaftlich überaus erfolgreiche Unternehmen mit weltweit mehr als 1.700 Filialen zeichnet sich auch durch aufwändige Programme zur Förderung von Frauen aus sowie durch die finanzielle und personelle Unterstützung von Hilfsprojekten.

Wie kompliziert die Dinge jedoch auch liegen können, wenn es darum geht, Unternehmen zu finden, deren Produkte und Wirtschaftsweise ethischen Anforderungen genügen, mag das folgende Beispiel illustrieren:

Ballard Power System (Kanada)
Das kanadische Unternehmen Ballard Power hat ein Antriebssystem entwickelt, das es ermöglicht, einen Motor ohne Abgase zu betreiben: mittels Brennstoffzellen, die mit Wasserstoff und Sauerstoff arbeiten.

Tabu trotz umweltfreundlichen Produktes?

Der DaimlerChrysler-Konzern hat ein Viertel der Aktien von Ballard Power erworben und arbeitet ebenso wie das Automobilunternehmen Ford zusammen mit dem kanadischen Unternehmen daran, das System zur Serienreife zu bringen. Auch das kanadische Militär zeigt großes Interesse, denn der Brennstoffzellenmotor eignet sich hervorragend zum Antrieb von U-Booten. Aufgrund dieser Zusammenarbeit mit dem Militär und mit DaimlerChrysler als Hauptaktionär ist Ballard Power für viele ethisch motivierte Anleger inakzeptabel. Deshalb wurde die Aktie beispielsweise aus dem Aktienfonds Ökovision der Ökobank entfernt (☞ Seite 62 f.). Für andere gilt sie dagegen als Vorzeige-Investment, denn der nahezu emissionsfreie Wasserstoffmotor würde erheblich zum weltweiten Umweltschutz beitragen.

3

Investmentfonds

Die Grundidee ist ebenso einfach wie genial: Viele Anleger schließen sich zusammen und legen ihr Kapital in einen »gemeinsamen Topf«, den Fonds, der von einer Investmentgesellschaft verwaltet wird. Ein professionelles Fondsmanagement investiert die Gelder entweder in Aktien (Aktienfonds), festverzinsliche Wertpapiere (Rentenfonds), eine Kombination aus beiden (gemischte Fonds) oder Immobilien (Immobilienfonds).

Die Auswahl der Papiere obliegt den Fondsverwaltern, sie stellen das › Portfolio des Fonds zusammen. In ihrem Verkaufsprospekt müssen die Investmentgesellschaften umfassend über Anlageziele und -strategien informieren.

Ausführliche Informationen über die Chancen und Risiken offener Fonds finden Sie in unserem Ratgeber »Investmentfonds«, ☞ Seite 119.

Wer sein Geld einem Investmentfonds überlässt, erhält dafür so genannte Anteilscheine oder Investmentzertifikate und hat Anspruch auf eine Beteiligung am erwirtschafteten Ertrag. Der erzielte Gewinn wird entweder jährlich oder halbjährlich ausgezahlt (ausschüttender Fonds) oder automatisch zum Ankauf weiterer Fondsanteile verwendet (thesaurierender Fonds). Die Investmentgesellschaften müssen ihre Anteilswerte jederzeit zurücknehmen. Um die Vertriebs- und Ausgabekosten zu decken, erheben sie einen Ausgabeaufschlag, den die Anleger beim Kauf der Anteile entrichten müssen. Dieser Aufschlag kann je nach Gesellschaft und Art des Fonds bis zu 7% des Anlagebetrags betragen.

Gemeinschaftliche Anlage – Vorteile für alle

Investmentfonds bieten gegenüber dem Kauf einzelner Aktien mehrere Vorteile:

- Durch die breitere Streuung reduziert sich das Anlagerisiko, denn die Gelder werden auf viele unterschiedliche Investitionsobjekte verteilt.
- Die Anleger genießen die Vorzüge eines professionellen Managements, so dass sie sich nicht um die Entwicklung der einzelnen Titel zu kümmern brauchen – und mit großer Wahrscheinlichkeit eine höhere Rendite erzielen, als wenn sie sich allein auf die Suche nach geeigneten Aktien machen.
- Aufgrund der hohen Kapitalkraft solcher Fonds bekommen auch Privatanleger Zugang zu Investitionen, die ihnen sonst verschlossen bleiben.

Dafür müssen sie allerdings einen Ausgabeaufschlag und jährlich anfallende Verwaltungsgebühren in Kauf nehmen, mit denen die Kosten für Fondsmanagement, Depotbank und Wertpapierspesen gedeckt werden.

Die Investmentgesellschaften unterliegen strengen gesetzlichen Bestimmungen und behördlichen Kontrollen und sind an Anlage-, Publizitäts- und Kontrollvorschriften gebunden. Das bewahrt die Anleger zwar vor der Gefahr, Betrügern aufzusitzen, natürlich aber nicht vor dem Risiko von Kursschwankungen.

Die aktuellen Ausgabe- und Rücknahmepreise der Fonds werden börsentäglich ermittelt. Sie finden sie im Wirtschaftsteil größerer Tageszeitungen.

3

Das Maß des Erfolgs

Erfolg an der Börse lässt sich nicht abonnieren

Wie erfolgreich das jeweilige Management mit den Geldern arbeitet, lässt sich anhand von Rendite-Hitlisten ermitteln, in denen die Wertentwicklung einzelner Fonds in der Vergangenheit festgehalten ist. Doch diese Vergleiche sind nicht unbedingt sehr aussagekräftig: Spezialisierte Fonds, die in hoch spekulative Papiere investieren, weisen häufig höhere Wertzuwächse auf als Fonds mit einer weniger riskanten allgemeineren Anlagestrategie. Anleger können aber keineswegs davon ausgehen, dass dieser Erfolg auch in der Zukunft anhalten wird. »Die Ergebnisse der Vergangenheit sind keine Garantie für die zukünftige Wertentwicklung des Fonds« – diesen Satz, der in keinem Fondsprospekt fehlen darf, sollte jeder Anleger deshalb unbedingt ernst nehmen.

Ethisch-ökologische Investmentfonds

Wie bereits oben ausgeführt, ist die Auswahl der Kriterien für eine ethische Geldanlage letztlich die persönliche Entscheidung jedes einzelnen Anlegers und jeder einzelnen Anlegerin und hängt von den eigenen Wertvorstellungen ab. Aber natürlich hat nicht jeder Mensch die Muße und die Zeit, sich mit den Zielsetzungen einzelner Unternehmen auseinander zu setzen.

Als Ausweg bieten sich beispielsweise ethisch-ökologisch ausgerichtete Investmentfonds an. Dabei stehen den Anlegern verschiedene Varianten zur Auswahl: Renten- und Mischfonds, ökologisch ausgerichtete Aktienfonds (Öko- oder Umweltfonds) und seit einiger Zeit auch so genannte Nachhaltigkeitsfonds (☞ Seite 46). Diese bilden einen der Dow Jones Group Indizes ab.

Umweltfonds finden regen Zuspruch

Umweltfonds liegen im Trend: Zwischen Dezember 1998 und November 2000 hat sich die Summe des Geldes, das in so genannten Umwelt- oder Nachhaltigkeitsfonds angelegt wurde, von 500 Millionen DM auf über 3 Milliarden DM mehr als versechsfacht. So meldeten der Internet-Branchendienst »Ecoreporter« und das Öko-Zentrum Hamm. Erfreuliche Nachricht: Die Ökofonds haben sich entgegen dem allgemeinen Trend auch im zweiten Halbjahr 2000 gut entwickelt, und die Anleger konnten sich in der Regel über einen Wertzuwachs freuen. Kein Wunder, dass Ökofonds zurzeit wie Pilze aus dem Boden schießen: Ende 2000 waren 21 solcher Fonds auf dem Markt, dazu kamen noch einmal zehn »grüne« › Aktienzertifikate, die vor allem im Bereich der erneuerbaren Energien angesiedelt waren.

Auswahl der Aktien

Doch welche Gesichtspunkte bestimmen über die Aufnahme der Aktien in den Fonds? In den allermeisten Fällen werden sowohl Negativ- als auch Positivkriterien angewendet.

Und du bist weg – Negativkriterien

Der traditionelle Ansatz beim ethischen Investment arbeitet mit so genannten Negativkriterien. Dabei handelt es sich um Ausschlusskriterien, die das Investment in die betreffenden Unternehmen verbieten. Die Firmen dürfen zum Beispiel

- keine Rüstungsgüter produzieren,
- nicht mit der Atomindustrie zusammenarbeiten oder atomare Brennstoffe herstellen,
- keine Tierversuche durchführen,
- kein PVC einsetzen,
- kein Tropenholz verarbeiten.

Die Liste der Tabus ließe sich fortsetzen: Bei vielen Fonds ist die Gentechnologie ausgeschlossen, bei manchen die Automobil- oder die chemische Industrie – die Auswahl erfolgt stets im Hinblick auf das Publikum, das als Anleger anvisiert ist.

Die meisten der in den USA aufgelegten ethischen Investmentfonds verwenden mehrere Ausschlusskriterien; sie umfassen die folgenden Bereiche: Tabak ist für fast alle Fonds (96%) ein Tabu, es folgen Glücksspiel (86%) der Fonds, Alkohol (83%), Rüstung und Waffen (81%), Umwelt (79%), Menschenrechte (43%), Abtreibung und Geburtenkontrolle (23%) sowie Tierversuche und artgerechte Tierhaltung (15%) (Quelle: »politische ökologie« 67/68, Seite 42).

Kritiker dieses Vorgehens wenden ein, dass die Verwendung von Ausschlusskriterien die Renditechancen der Fonds schmälere. Wer sich selbst das Investment in bestimmte kapitalstarke Firmen verbiete, so ihr Argument, könne mit seiner Geldanlage eben nicht so viel verdienen wie bei einer weniger strengen Auswahl. In der Sprache der Banker klingt das so: Negativkriterien mindern die Performance eines Fonds.

Die guten ins Töpfchen – Positivkriterien

Bei der Auswahl der Aktien anhand von Positivkriterien werden Unternehmen ausgewählt, die sich zum Beispiel durch ökologisch sinnvolle Produkte oder umweltfreundliche Produktionsweisen von ihrer Konkurrenz abheben. Dies bezeichnet man auch als **»best-of-sector«**- oder **»best-in-class«**-Ansatz: Dabei finden diejenigen Unternehmen Aufnahme in den Fonds, die unter Umwelt- oder sozialen Aspekten als die besten einer Branche gelten können – auch wenn sie keine Umweltengel sind. »Unter den Blinden ist der Einäugige König«, so kommentieren Kritiker diesen Ansatz.

Kriterium der Öko-Effizienz

In die letzten Jahren sind zahlreiche Ökofonds auf den Markt gekommen, bei denen auch die Produktionsweise der Unternehmen unter die Lupe genommen wird. In die Fonds aufgenommen werden **»öko-effiziente«** Firmen: Die stellen in der Regel keine Umweltprodukte her und bieten auch keine Umwelt-Dienstleistungen an, sondern ganz konventionelle Waren und Dienstleistungen – dabei legen sie aber ein besonderes Augenmerk auf die Umwelt. So finden sich in solchen Fonds nicht nur Hersteller von Solarenergie-Anlagen, sondern auch der Automobilkonzern Volkswagen oder das Chemieunternehmen Unilever – beide produzieren öko-effizient.

Der Erfolg dieser Taktik bleibt nicht aus. Als der Autohersteller BMW im Herbst 2000 von der Schweizer Gesellschaft SAM (☞ Seite 45) zum »Nachhaltigkeits-Leader« in seiner Branche gekürt und in den entsprechenden Dow Jones Sustainabiltiy Index aufgenommen wurde (☞ Seite 46), schaltete er in aufwändige Anzeigen in Tageszeitungen, um seinen Triumph der Öffentlichkeit kundzutun. Damit besteht für die Konkurrenz des Unternehmens ein starker Anreiz, mehr Wert auf Umweltschutz zu legen, um BMW den Erfolg wieder abzujagen.

Aufnahmekriterien sehr unterschiedlich

Die Kriterien und auch das Vorgehen bei der Auswahl der Aktien variieren von Fonds zu Fonds: Was in dem einen Fonds erlaubt ist oder sogar als Vorzeige-Investment gilt, hat vielleicht in einem anderen Fonds nicht einmal die Chance, aufgenommen zu werden. Problematisch ist die Beurteilung eines Unternehmens zum Beispiel dann, wenn es zwar ein umweltfreundliches Produkt herstellt, aber über Kapitalverflechtungen mit einem Konzern verbunden ist, der auch Rüstungsgüter produziert, wie der Fall der kanadischen Firma Ballard Power zeigt (☞ Seite 50). Verantwortungsbewussten Anlegern, die sicher sein wollen, dass ihr Geld in ihrem Sinne investiert wird, bleibt daher nur eins: sich umfassend zu informieren und eine Anlageentscheidung zu treffen, die ihren persönlichen Wertvorstellungen entspricht.

In der Regel arbeiten die Manager der Ökofonds mit einer Kombination aus Negativ- und Positivkriterien: Bestimmte Unternehmen werden aufgrund ihrer Geschäftsfelder von vornherein ausgeschlossen, während Hersteller umweltfreundlicher Produkte Aufnahme finden. Um sicherzugehen, dass die Fonds in die »richtigen« Unternehmen investieren, kommen die Anleger nicht umhin, sich umfassend zu informieren. Neben den Verkaufsprospekten der Fonds sollten Sie auch unabhängige Quellen zu Rate ziehen, wie die Wirtschaftsseiten großer Tageszeitungen, die einschlägigen Seiten im Internet sowie etablierte Institute (☞ Anhang, Seite 113). Auch nachdem Sie sich in einen Investmentfonds eingekauft haben, sollten Sie sich über die Anlagestrategien der Fondsmanager auf dem Laufenden halten, indem Sie die regelmäßig erscheinenden Rechenschaftsberichte gründlich lesen.

Informieren Sie sich über das Management Ihres Fonds!

So kaufen Sie Umweltfonds

Auswahl der Fonds: Verschaffen Sie sich zunächst einen Überblick darüber, welche Fonds es gibt und nach welchen Kriterien sie arbeiten. Das Internetportal »Ecoreporter« veröffentlicht regelmäßig aktuelle Übersichten der verfügbaren »grünen« Investmentfonds. Bevor Sie sich für eine Anlage entscheiden, sollten Sie sich Unterlagen der Fonds zusenden lassen, die für Sie in Frage kommen, und diese genau studieren. Einen ersten Überblick kann Ihnen die Liste auf Seite 61 geben.

Kauf: Fondsanteile können Sie bei Ihrer Hausbank, bei Discountbrokern, in Fondsshops oder direkt bei der Fondsgesellschaft kaufen.

- **Hausbank:** Jeder Kunde, der ein Wertpapierdepot hat, kann unter Angabe der › Wertpapierkennnummer bei seiner Hausbank Anteile von jedem beliebigen Fonds kaufen. Lassen Sie sich nicht beeindrucken, wenn der Bankberater behauptet, er könne nur hauseigene Produkte verkaufen – das stimmt nämlich nicht. Gehen Sie notfalls einfach zu einem anderen Kreditinstitut.

- **Discountbroker:** In aller Regel ist der Kauf von Fondsanteilen bei den Direktbanken billiger, denn diese operieren nur im Internet und unterhalten kein kostenintensives Filialnetz. Die Kunden müssen beim Kauf

und bei der Eröffnung des Depots allerdings auf Beratung verzichten. Die bekanntesten Discountbroker finden Sie im Internet unter:
www.comdirect.de
www.consors.de
www.direktanlagebank.de
www.schwab.com

- **Fondsshops:** Dabei handelt es sich um Finanzdienstleister, die sich auf Fonds spezialisiert haben. Sie treten als Vermittler zwischen dem Kunden und der Fondsgesellschaft auf, bei der die Anteile auch aufbewahrt werden. Die Zahlung erfolgt direkt an die Fondsgesellschaft, die ihrerseits die Finanzdienstleister mit einer Vermittlungsgebühr entlohnt.

- **Fondsgesellschaften:** Einige Gesellschaften vertreiben ihre Fonds selbst. Wenden Sie sich direkt an das Fondsunternehmen, um zu erfahren, ob Sie Ihre Anteile dort erwerben können.

Umweltfonds

Fondsname	Fondsgesellschaft	WKN
Activest Eco Tech	Activest	971345
Credit Suisse EF (Lux) Global Sustainability	Credit Suisse AM Lux	974278
Focus GT Umwelttechnologiefonds	Invesco	847047
Fürst Fugger Sustainability Fonds	Fürst Fugger Privatbank	926179
Gamax Funds Junior A	Gamax Management	986703
Gamax Funds Junior B	Gamax Management	986704
KD Fonds Öko-Invest	DG CAPITAL	971682
Luxinvest ÖkoLux	BfG Luxinvest	971898
Luxinvest ÖkoRent	BfG Luxinvest	971297
Mi-Fonds Eco A (ausschüttend)	Julius Bär Multicorporation Sicav Luxemburg	921250
Mi-Fonds Eco B (thesaurierend)	Julius Bär Multicorporation Sicav Luxemburg	921251
OekoSar Portfolio	Sarasin & Cie	973502
Ökovision	Ökobank e. G.	974968
OP Topic DJ Sustainability World Index-Equities	Sal. Oppenheim	511745
Pictet Global Sector Fund Water	Pictet	933349
Prime Value	Dr. Höller Vermögensverwaltung	986054
SAM Sustainability Index Fund	SAM Sustainability SICAV	926178
SAM Sustainability Pioneer Fund	SAM Sustainability SICAV	926177
SunLife GP Ecological	SunLife Global Management	972201
Swissca Green Investment	Swissca Fondsleitung AG	921135
UBS (Lux) Equity Fund-Eco Performance	UBS	987076
ValueSar Equity	Sarasin & Cie	921125

Aktienzertifikate

Zertifikatname	Fondsgesellschaft	WKN
Dow Jones Sustainability Group World	Bayrische Hypo- und Vereinsbank	825017
EKK Global Ethic Zertifikat	Union Investment	809531
Fuel Cell Basket	UBS Warburg	935193
Fuel Cell Basket 2	UBS Warburg	936373
Future Energy Zertifikat	UBS Warburg	578926
New Energy Zertifikat	ABN Amro	558360
UBS Water Perles	UBS Warburg	930178
Wasser Zertifikat	BNP Paribas	754282

Beispiele ethisch-ökologisch ausgerichteter Fonds

Ökovision, Ökobank Frankfurt

Als der Fonds mit den strengsten ethischen und ökologischen Kriterien am hiesigen Markt gilt der Ökovision, den die Frankfurter Ökobank 1996 zusammen mit der Versiko Finanzdienstleistungen AG aufgelegt hat. Unternehmen, die einen – wenn auch noch so kleinen – Teil ihres Umsatzes mit Rüstungsgütern, im Bereich Atomkraft oder mit Alkohol oder Tabak erwirtschaften, werden nicht aufgenommen, auch wenn ihr Hauptgeschäft im Bereich der Umwelttechnologie liegt. Über die Einhaltung der strengen Anlagegrundsätze wacht ein unabhängiger Ausschuss mit Experten aus Menschenrechts- und Umweltorganisationen. Der Fonds investiert weltweit und branchenübergreifend ausschließlich in Unternehmen, die besonderen Wert auf Umwelt- und Sozialverträglichkeit legen. So wird beispielsweise überprüft, ob das Unternehmen sich in puncto Arbeitszeitflexibilität oder Aufstiegschancen frauenfreundlich verhält.

Performancevergleiche zeigen, dass die Rendite des Ökovision sich trotz der strenger Auswahl neben anderen Alternativfonds sehen lassen kann. Wegen der kostenintensiven Überprüfung der Aufnahmekriterien schlagen die jährlichen Verwaltungskosten für die Anleger mit immerhin 1,76 % des Anteilswerts zu Buche. Dagegen bewegt sich der Ausgabeaufschlag dieses Fonds mit 5% im Bereich des Marktüblichen. Die Mindestanlage für Einmalzahlungen beträgt 10.000 DM (Anlagekonto). Eine weitere Möglichkeit bietet ein so genanntes Wachstumskonto mit monatlichen Einzahlungen von mindestens 500 DM oder vierteljährlichen von mindestens 1.000 DM.

Risikokapital-Anlagen

Eine besondere Form von Investmentfonds stellen Risikokapital-Anlagefonds dar (neudeutsch »Venture Capital«): Investorinnen und Investoren beteiligen über den Fonds an jungen Firmen, die sich durch umweltfreundliche Produkte oder Dienstleistungen auszeichnen, und verhelfen ihnen so zum Start am Markt. Bankenübliche Sicherheiten werden nicht verlangt. Das Risiko ist hoch – die Gewinnchancen ebenso, denn diese kleine Firmen zeichnen sich gegenüber großen Unternehmen in der Regel durch Innovationsfreude und Flexibilität aus. Risikokapital-Gesellschaften versuchen, das hohe Risiko zu minimieren, indem sie das Geld branchenübergreifend auf verschiedene Projekte verteilen.

Risikokapital ist nichts für »normale« Anleger

Dennoch sollten Sie sich darüber im Klaren sein, dass Risikofonds ihren Namen nicht umsonst tragen. Für »normale« Anleger, die nicht über umfassende und fundierte Kenntnisse der jeweiligen Branche verfügen, ist diese Form der Geldanlage nicht geeignet.

Direktbeteiligung, geschlossene Fonds

Der Erwerb von börsennotierten oder außerbörslichen Aktien ist nicht der einzige Weg für Anleger, um Unternehmen ihrer Wahl zu unterstützen. Immer mehr Investoren wagen sich in den Bereich des ökologischen Direktinvestments: Sie beteiligen sich an der Kapitalausstattung eines ökologisch oder sozial orientierten Projekts, indem sie als Kommanditist oder stiller Gesellschafter in das Unternehmen eintreten, als Darlehensgeber fungieren oder Gesellschafter bei einer Gesellschaft bürgerlichen Rechts (GbR) werden. Auf diese Weise wurden zum Beispiel viele Windkraftanlagen finanziert.

Viele Anlegerinnen und Anleger entscheiden sich deshalb für diese Form des ökologisch-ethischen Investments, weil sie unmittelbar nachvollziehen können, was mit ihrem Geld geschieht. Ihr Kapital verschwindet nicht in abstrakten Mischfonds, deren Zusammensetzung zudem laufend verändert wird, sondern fließt in konkrete Projekte – der Biobäcker, das Ökokaufhaus oder die Windkraftanlage sind oft sogar in der Nähe angesiedelt. Bei manchen Direktbeteiligungen wird die Rendite in Form von Naturalien ausgezahlt: Die Anleger erhalten zum Beispiel Vollkornbrot oder ökologisch angebautes Gemüse.

Vorteil: Anleger sehen, was mit ihrem Geld geschieht

Einen großen Boom hat es in den letzten Jahren bei den Beteiligungen an Windkraftanlagen gegeben. Zum einen hat das Inkrafttreten des Gesetzes für den Vorrang erneuerbarer Energien (EEG) zum 1. April 2000 der Branche enormen Rückenwind gebracht (☞ Seite 68f.). Zum anderen ließen sich Verluste, die den Anlegern durch die Beteiligung an solchen Fonds entstehen, in der Vergangenheit steuerlich geltend machen. Die Möglichkeiten solcher Abschreibungen sind inzwischen durch eine Veränderung der Steuergesetzgebung jedoch stark einschränkt worden.

Wie funktionieren geschlossene Fonds?

Anleger als Mitunternehmer

Das Kapital und somit die Zahl der Anleger, die für einen geschlossenen Fonds eingeworben werden, sind von vornherein begrenzt. Beteiligt sich ein Anleger an einem solchen Fonds, wird er aufgrund der rechtlichen Konstruktion der Personengesellschaft zum Mitgesellschafter – und trägt auch das unternehmerische Risiko mit. Ist genügend Geld »im Topf«, schließt der Fonds. Die Anleger bleiben unter sich und sind für sehr lange Zeit, in der Regel mindestens 15 Jahre, an ihr Engagement gebunden. Ein vorzeitiger Ausstieg ist nur unter großen Schwierigkeiten möglich.

So werden Sie Mit-Unternehmer(in):

- Sowohl die GLS-Bank als auch die UmweltBank und die Ökobank (die Adressen finden Sie im Anhang, Seite 112) bieten Beteiligungen an geschlossenen Fonds an. Im Wirtschaftsteil der »Süddeutschen Zeitung« und der »Frankfurter Allgemeinen Zeitung« finden Sie Beteiligungsrubriken, die auch Angebote für ethisch-ökologisch motiviertes Direktinvestment enthalten.

- Besorgen Sie sich möglichst umfangreiches Informationsmaterial über das Projekt, in das Sie investieren wollen. Studieren Sie das Material gründlich, vor allem in Hinblick auf den Stand der Planung, das erwartete wirtschaftliche Ergebnis und die anvisierten Einnahmen oder das Verhältnis von Fremd- und Eigenmitteln. Prüfen Sie, ob die geforderte Mindestbeteiligung und die Laufzeit für Sie tragbar sind. Richten Sie Ihr Augenmerk auch darauf, welches Haftungsrisiko Sie eingehen: Es sollte keinesfalls höher sein als die Summe, mit der Sie sich am Projekt beteiligen, und eine Nachschusspflicht sollte nicht bestehen.

- Informieren Sie sich über den Projektträger: Hat der Träger in der Vergangenheit bereits ähnliche Projekte durchgeführt? Mit welchem Erfolg? Fragen Sie auch nach einer Leistungsbilanz. Stellen Sie beim örtlichen Kreditinstitut, bei Verbraucherschutzorganisationen oder der örtlichen Industrie- und Handelskammer Erkundigungen über die initiierende Gesellschaft an.

- Erörtern Sie die geplante Direktbeteiligung auch mit Ihrem Steuerberater: Wenn sich das Investment für Sie nur dann lohnt, wenn Sie die Verlustabschreibung mit berücksichtigen, sollten Sie davon lieber Abstand nehmen – oder sich darüber im Klaren sein, dass Ihr ökologisches Engagement Sie Geld kosten kann.

Beispiele ökologisch orientierter Direktbeteiligungen

Ökozentrum Rommelmühle

Die Bauträgergruppe Archi Nova legte 1997 zusammen mit der Ökobank Frankfurt den ersten geschlossenen ökologischen Immobilienfonds auf. Das Anlageobjekt: die Rommelmühle im schwäbischen Bietigheim-Bissingen, eine halbe Autostunde von Stuttgart entfernt. Das denkmalgeschützte Gebäude ist Europas größtes ökologisches Wohn-, Einkaufs- und Immobilienzentrum. Vom Alltagsbedarf über Gesundheitsvorsorge und Unterhaltung bis hin zum Fertighaus wird hier praktisch jeder Wunsch erfüllt. Auch bei ihrem Energiehaushalt ist die Rommelmühle wegweisend: Ein Wasserkraft- und ein Blockheizwerk, umweltverträgliche Baustoffe, Sonnenkollektoren sowie eine livingmachine – eine »grüne« Kläranlage, in der Pflanzen, Fische und Kleinstlebewesen das Wasser reinigen – sorgen für die praktische Umsetzung eines ganzheitlichen Ansatzes.

Der Fonds konnte mit 250 Anlegern vollständig platziert werden. Die Mindestzeichnungssumme betrug 30.000 DM.

3

Windkraftfonds

Beteiligungen an Windkraftfonds haben sich in den letzten Jahren als sehr rentabel erwiesen. Vor allem nach Inkrafttreten des Erneuerbare-Energien-Gesetzes (EEG) am 1. April 2000 befindet sich die Branche im Aufwind. Das Gesetz verpflichtet alle Energieversorger, Strom aus erneuerbaren Energiequellen von den Erzeugern abzunehmen und nach festgeschriebenen Sätzen zu vergüten. Diese Vergütung beträgt bei Strom aus Windkraft für die ersten 5 bis zu 20 Jahre 17,8 Pfennige pro Kilowattstunde. Nach Ablauf dieses Zeitraums werden 12,1 Pfennige pro Kilowattstunde gezahlt.

EEG sichert feste Einspeisetarife

Die im EEG festgelegten Vergütungssätze gelten für maximal 20 Jahre. Sie verschaffen den Anlagenbetreibern eine erhöhte Planungssicherheit und stellen sicher, dass die Nutzung von Windenergie auch an Binnenlandstandorten weiter ausgebaut wird.

Die Wettbewerbshüter der EU hatten Bedenken gegen das EEG angemeldet und prüfen lassen, ob die Förderung »als so genannte nicht notifizierte Beihilfe« angesehen werden muss. Wäre dies der Fall gewesen, dann hätten die festgeschriebenen Einspeisetarife als unzulässige staatliche Subvention gegolten, die sich in dieser Form nicht mit EU-Recht vereinbaren ließe. Im März 2001 wurde die Frage durch eine Grundsatzentscheidung des Europäischen Gerichtshofs abschließend geklärt: Die Förderung verstößt nicht gegen EU-Recht; das EEG braucht nicht geändert zu werden.

Die Mindestanlagesummen liegen im Schnitt zwischen 10.000 und 20.000 DM; Ausgabeaufschläge von 3 bis 5% sind üblich. Nach Verlusten in den Anfangsjahren prognostizieren die Beteiligungsgesellschaften meist eine Rendite von mindestens 5%. Weil es sich bei dieser Geldanlage jedoch um eine Beteiligung mit allen Chancen und Risiken handelt, können die tatsächlichen Renditen von diesen Prognosen deutlich abweichen – sowohl positiv als auch negativ. Umso wichtiger also, dass Sie die Anbieter genau prüfen und gegebenenfalls unabhängige Quellen zu Rate ziehen.

Laut Angaben des Bundesverbands Windenergie e. V. sind allein im Jahr 2000 fast 1.500 Windkraftanlagen neu errichtet worden. Der Anteil des Stroms aus Windkraft am gesamten Stromverbrauch in unserem Land beträgt 2,36 % – Deutschland liegt damit bei der Nutzung von Windenergie weltweit an der Spitze (Quelle: windsfonds.de).

Deutschland führt bei Nutzung der Windenergie vor USA

Exkurs: Aktie contra Direktinvestition – was nützt der Umwelt?

Aktienhandel bringt Unternehmen kein Kapital

Nachhaltigkeits- und Öko-Fonds erleben derzeit einen Boom – aber nützt das auch wirklich der Umwelt? Nur bei einer Neu-Emission, also wenn ein Unternehmen erstmals an die Börse geht, oder bei einer Kapitalerhöhung durch die Ausgabe von Aktien fließt der Firma Kapital zu, mit dem sie investieren, Personal bezahlen oder Betriebskosten decken kann. Sind die Aktien erst einmal auf dem Markt, erhält bei jedem Weiterverkauf lediglich der Vorbesitzer Geld – das Unternehmen, dessen Aktie den Besitzer wechselt, hat davon keinen direkten Vorteil. Daher bemängeln Kritiker nicht zu Unrecht, dass diese Anlage keine konkrete Finanzierungsfunktion für ökologisch orientierte Unternehmen habe. Wem es darauf ankomme, ein bestimmtes Unternehmen finanziell zu unterstützen, der solle daher dessen Aktien bei der Emission kaufen und auch in schwierigen Zeiten halten oder sich direkt am Unternehmen beteiligen.

Doch eine solche Direktinvestition ist beileibe nicht die Sache eines jeden ethisch motivierten Anlegers: Er muss sich umfassend über das entsprechende Unternehmen informieren, und das investierte Geld ist auf lange Zeit gebunden.

Auch wenn der Handel mit Aktien »grüner« Unternehmen den Firmen zunächst kein zusätzliches Kapital beschert, gibt es gute Gründe, auch im Sinne eines ethischen Investments Aktien zu kaufen: So hat die Nachfrage nach den Aktien eines Unternehmens eine ganze Reihe positiver Effekte, wobei der psychologische Aspekt eine nicht zu unterschätzende Rolle spielt. Um diesen Zusammenhang zu erläutern, muss an dieser Stelle etwas weiter ausgeholt werden.

Der Erfolg oder Misserfolg eines Unternehmens entscheidet über Angebot und Nachfrage seiner Aktien an der Börse. Eine hohe Nachfrage nach den Wertpapieren bereitet auch den Boden für erfolgreiche Kapitalerhöhungen. Konnte in der Vergangenheit erfolgreich mit einer Aktie gehandelt werden, finden sich eine Vielzahl von Anlegern bereit, in neue Aktien des Unternehmens zu investieren: Bei einer Kapitalerhöhung kann das Unternehmen also von seinem positiven Image – oder dem seiner Aktie – profitieren.

Imagegewinn stärkt umweltfreundliche Unternehmen ...

Auch wenn die Aktie eines Unternehmens in einen »grünen« Fonds aufgenommen wird, fließt der Firma damit kein Kapital zu. Dennoch profitiert sie, denn die Aufnahme in einen solchen Fonds bescheinigt, dass ihre Umweltstrategie von unabhängigen Dritten positiv beurteilt wird. Das bringt ihr einen erheblichen Imagegewinn und stärkt ihre Glaubwürdigkeit. Gutes Ansehen in der Öffentlichkeit ist wertvoll, und die meisten Unternehmen sind sich dessen bewusst. Diskussionen über das ökologische und soziale Verhalten bedeuten für ein Unternehmen dagegen einen Imageschaden, der sich unmittelbar in den Absatzzahlen niederschlagen wird. Einem Unternehmen, das in einen »grünen« Fonds aufgenommen wurde, ist also daran gelegen, diesen Platz zu behaupten – die Konkurrenz wird sich dagegen Mühe geben, es zu übertrumpfen.

... und regt zur Nachahmung an

Jörg Weber, Gründer des Internetportals »Ecoreporter«, nennt weitere positive Effekte für die Unternehmen: Je besser sich der Kurs einer Aktie in der Vergangenheit entwickelt hat, desto leichter fällt dem Unternehmen, Fremdmittel einzuwerben, zum Beispiel Kredite. Andere Firmen werden durch den Erfolg eines umweltorientierten Unternehmens zur Nachahmung animiert, sie lernen, dass sich Umweltschutz auszahlen kann. Und schließlich lenkt eine positive Kursentwicklung im Umweltbereich das Interesse der Öffentlichkeit auf den Gedanken, dass Umweltschutz und nachhaltiges Wirtschaften auch in ökonomischer Hinsicht sinnvoll sind.

Lebens- und Rentenversicherungen

Private Altersvorsorge

Die gesetzliche Rentenversicherung sorgt in letzter Zeit zunehmend für Unsicherheit. So gelangen immer mehr Menschen zu der Erkenntnis, dass Eigeninitiative gefragt ist, wenn sie auch im Alter ihren gewohnten Lebensstandard halten wollen.

Kapitallebensversicherung

Trotz nicht eben üppiger Rendite sind **Lebensversicherungen** eine bei den Deutschen überaus beliebte Form der privaten Altersvorsorge. Sie verbinden zwei verschiedene Dinge: Versicherungsschutz und Sparanlage. Stirbt der Anleger während der Laufzeit des Vertrags, erhält die bezugsberechtigte Person die vereinbarte Versicherungssumme und alle bis zu diesem

Zeitpunkt angesammelten Zinserträge (sofern vorhanden). Erlebt der Anleger hingegen das Ende der Versicherungszeit, zahlt ihm die Gesellschaft die garantierte Versicherungssumme und die erwirtschafteten Überschüsse aus.

Weil die eher magere Rendite einer klassischen Kapitallebensversicherung dem Vergleich zu anderen Anlageformen nur schwer standhalten kann, haben die Versicherungsgesellschaften ihr die fondsgebundene Lebensversicherung zur Seite gestellt. Bei beiden dient ein Teil des eingezahlten Geldes zur Risikoabsicherung, der – nach Abzug der Verwaltungskosten verbleibende – Rest wird investiert. Bei der Kapitallebensversicherung erhalten die Anleger nach Ablauf der Versicherungslaufzeit das eingezahlte Geld plus die gesetzlich vorgeschriebenen Zinsen von derzeit 3,25 %. Hinzu kommen die aus dem eingesetzten Kapital erwirtschafteten zusätzlichen Erträge, die Überschüsse. Wie hoch diese Überschüsse beim Ablauf der Versicherung sein werden, lässt sich nicht vorhersagen.

Mindestverzinsung plus Überschüsse

Fondsgebundene Lebensversicherung

Keine garantierte Mindestverzinsung

Fondsgebundene Lebensversicherungen legen das Geld ihrer Kunden in Investmentfonds an. Mit Vertragsunterzeichnung erwirbt der Versicherte Anteile an diesen Investmentfonds. Wie viel Geld er bei Ablauf des Vertrags erhält, richtet sich nach dem Kurswert der Fondsanteile und hängt damit vom Börsengeschehen ab; eine garantierte Mindestverzinsung gibt es hier nicht. Bei dieser Form der Lebensversicherung tragen die Anleger also ein ungleich höheres Risiko als bei der klassischen, nicht fondsgebundenen Police.

Private Rentenversicherung

Eine andere Form der Lebensversicherung ist die private Rentenversicherung. Ähnlich wie die Kapitallebensversicherung zahlen die Anleger regelmäßig Beiträge ein und erhalten mit Ablauf der Vertragszeit die Versicherungssumme. Dabei können sie zwischen einer einmaligen Kapitalzahlung und einer monatlichen Rente wählen. Das Risiko des Todes des Versicherungsnehmers ist bei der privaten Rentenversicherung nicht abgesichert. Die Hinterbliebenen erhalten in diesem Fall je nach Vertrag nur die eingezahlten Beiträge oder nur einen Teil davon (Beitragsrückgewähr).

Auch bei der privaten Rentenversicherung müssen Anleger genau zwischen der **Garantiesumme,** die sie auf jeden Fall erhalten, und dem **Überschussanteil** unterscheiden. Bei Letzterem handelt es sich nämlich lediglich und um eine unverbindliche Prognose des Versicherers. Ob sie eingelöst werden kann, hängt einerseits von der Entwicklung der Lebenserwartung ab, andererseits vom Anlagegeschick der Versicherungsmanager. Auch bei der privaten Rentenversicherung können die Anleger sich für eine fondsgebundene Police entscheiden.

Steuerliche Begünstigung der Lebensversicherung

Der Vorteil der Lebensversicherung liegt in der steuerlichen Begünstigung: Wenn die Laufzeit des Vertrags mindestens zwölf Jahre beträgt, brauchen die Anleger den Auszahlungsbetrag der Kapitallebens- oder der privaten Rentenversicherung nicht zu versteuern. Während der Vertragslaufzeit können Selbstständige und Beamte die laufenden Prämien zudem als Sonderausgaben vom Bruttoeinkommen absetzen; bei sozialversicherungspflichtig Beschäftigten wird der Sonderausgabenabzug in der Regel bereits durch die Arbeitnehmeranteile zur Sozialversicherung ausgeschöpft.

Jeder Anleger sollte vor Vertragsabschluss bedenken, dass er 25 bis 30 Jahre an eine Kapitallebensversicherung gebunden ist. Kündigt er früher, muss er mit finanziellen Einbußen rechnen. Als Alternative bietet sich der Abschluss einer reinen Risikolebensversicherung und eines separaten Sparvertrags an: Dies ist in vielen Fällen wesentlich günstiger und rentabler als eine Lebensversicherung, und der angestrebte Zweck, den Partner und die Kinder bei Tod des Versicherungsnehmers abzusichern, ist damit ebenfalls erfüllt.

Alternative: Risikoabsicherung plus Sparplan

Wenn Sie sich jedoch für eine Lebensversicherung entscheiden, dann sollten Sie bei der Auswahl der Versicherungsgesellschaft darauf achten, wie effizient sie in der Vergangenheit mit dem Geld der Versicherungsnehmer gewirtschaftet hat.

Informationen zu allen relevanten Formen der Altersvorsorge bietet der Ratgeber »Private Altersvorsorge«, den die Verbraucher-Zentralen und die Stiftung Warentest gemeinsam herausgebracht haben (☞ Seite 119). Darin finden Sie auch beispielhafte Vorsorgestrategien für unterschiedliche Lebensabschnitte.

Ökologische Lebens- und Rentenversicherungen

Transparentes Investment

»Grüne« Lebens- und Rentenversicherungen sind eine Alternative für diejenigen Anlegerinnen und Anleger, die auf die Vorteile der Lebensversicherung, wie Risikoabsicherung, steuerliche Begünstigung der Erträge und einfache Handhabung, nicht verzichten wollen, aber wenig einverstanden sind mit der Investmentpolitik klassischer Versicherungsgesellschaften. Die legen die Beiträge der Versicherten nämlich auch in Chemie- und Rüstungsfirmen oder Industrieanlagen an. Wie im konventionellen Bereich haben die Anleger bei »grünen« Policen die Wahl zwischen Kapitallebens- und Rentenversicherungen.

Bei den ökologisch ausgerichteten Assekuranzen handelt es sich in der Mehrzahl um fondsgebundene Lebensversicherungen. Diese investieren das Geld der Versicherten in ethisch-ökologische Investmentfonds, wobei die Kunden meist zwischen verschiedenen Fonds wählen können.

Mit Blick auf Kapitallebensversicherungen mit ethischer Ausrichtung muss unterschieden werden zwischen Versicherungen ohne eigenen Abrechnungskreis und solchen, die über einen eigenen Abrechnungskreis verfügen.

Detaillierte Erläuterungen zu den Anlagekriterien der verschiedenen ökologischen Lebens- und Rentenversicherungen enthält das Jahrbuch »Grünes Geld«, ☞ Seite 110.

Policen mit indirekter ethischer Wirkung

Bei ethisch-ökologischen Lebensversicherungspolicen ohne eigenen Abrechnungskreis unterscheidet die Versicherungsgesellschaft zunächst einmal nicht zwischen den Beiträgen ihrer »konventionellen« Kunden und den Geldern der umweltbewussten Versicherungsnehmer. Sie wirft alle Beiträge in einen Topf und verwaltet sie gemeinsam, verpflichtet sich aber, aus den ihr zur Verfügung stehenden Mitteln einen bestimmten Anteil zur Finanzierung ethisch-ökologischer Projekte zu verwenden. Nach diesem Modell verfährt zum Beispiel die Lebensversicherung Vitarent der Hamburger Versicherungsmakler-Gesellschaft Securvita. Aus den Mitteln der beteiligten Partnerversicherungen werden vor allem alternative Energieproduzenten, aber auch Öko-Bauernhöfe oder soziale Einrichtungen unterstützt. Die Höhe der Überschussbeteiligung hängt dabei nicht von der in diesen Projekten erzielten Rendite ab, sondern richtet sich nach dem insgesamt – also auch durch das konventionelle Investment der Versicherungsgesellschaft – erwirtschafteten Gewinn.

»Grüne« Police ohne eigenen Abrechnungskreis

Öko-Policen mit eigenem Abrechnungskreis

Die aufwändigste Form der ethisch-ökologischen Lebensversicherung verfügt über einen eigenen Abrechnungskreis. Dabei werden die Beiträge der Kundinnen und Kunden separat verwaltet und nach ethischen Kriterien angelegt: in Aktien, aber auch in Immobilien oder Direktfinanzierungen. Die Erträge dieser »grünen« Geldanlagen bestimmen dann auch über die Höhe der Auszahlungen an die Versicherten. Nach diesem Modell verfährt zum Beispiel die Ökolife-Police, die vom Verbund der Fairsicherungsläden und der Mannheimer Versicherungen AG entwickelt wurde.

Neues Gesetz schafft Transparenz

Anbieter sollen in Zukunft Investment offen legen

Bisher spielten ethisch-ökologische Aspekte bei der privaten Altersvorsorge so gut wie keine Rolle. Das wird sich nach einer Gesetzesvorlage der Bundesregierung gründlich ändern, die im Januar 2001 im Zuge der Rentenreform verabschiedet wurde, aber bei Redaktionsschluss dieses Ratgebers noch der Zustimmung des Bundesrates bedurfte. In Zukunft müssen nämlich alle Anbieter von Geldanlagen, die in den Genuss der staatlichen Förderung privater Altersvorsorge kommen, die Anlegerinnen und Anleger umfassend darüber informieren, wie sie die eingezahlten Gelder verwenden – das betrifft unter anderem die Anbieter von Lebensversicherungen sowie Investmentfonds. Die Berichtspflicht umfasst auch Auskunft darüber, ob und wie ökologische, soziale und ethische Belange berücksichtigt werden. Experten werten das neue Gesetz als eine »echte Chance für das ethische Investment«. Mit welchen Produkten die Anbieter von Geldanlageprodukten auf die Rentenreform reagieren werden, muss die Zukunft zeigen.

Großbritannien macht gute Erfahrungen mit Berichtspflicht

In Großbritannien, wo im Frühsommer 1999 ein ähnliches Gesetz verabschiedet worden ist, liegen bereits erste Erfahrungen mit der erweiterten Berichtspflicht vor (vergleiche Klumb, Kahlenborn in: »politische ökologie« 67/68). 21 der 25 größten britischen Pensionskassen wollen als Reaktion auf die Gesetzesänderung in Zukunft sozial verantwortlich investieren. Auch bezüglich der Aktionärsstimmrechte hat ein Umdenken eingesetzt: Bisher war es bei den Pensionskassen gang und gäbe, auf die Wahrnehmung der Stimmrechte, die ihnen als Aktionäre automatisch eingeräumt wurden, zu verzichten. Inzwischen gibt es Hinweise darauf, dass die Fondskassen versuchen, die Unternehmen zur Einbeziehung ethischer und ökologischer Überlegungen in die Geschäftspraxis zu bewegen.

Kunden legen Wert auf Umweltschutz

Auch in Deutschland wird es nicht ausbleiben, dass die Versicherer ihre Investmentpolitik nicht nur offen legen, sondern auch an den Bedürfnissen ihrer Kunden ausrichten. Und der Mehrheit der Versicherten sind die Belange der Umwelt nicht gleichgültig: Eine Umfrage des Meinungsforschungsinstituts Emnid hat im Dezember 2000 ergeben, dass 84% der Befragten es für wichtig oder sehr wichtig halten, darüber informiert zu werden, was aus Umweltsicht mit dem eingezahlten Geld geschieht. Schon die geforderte Transparenz bei der Anlagepraxis von Pensionsfonds und Versicherungen wird nach Ansicht von Experten dazu führen, dass diese Investitionen bei Ökofonds tätigen.

Beispiele für ethisch-ökologische Lebens- und Rentenversicherungen

VersiRente

Das erste »grüne« Produkt auf dem Versicherungsmarkt war die VersiRente des Düsseldorfer Versicherungsmaklers versiko AG. Dabei handelt es sich um eine private Rentenversicherung mit einer garantierten Auszahlung, ohne Todesfallschutz. Derzeit fließen 22% der Beiträge in den ethisch-ökologischen Investmentfonds Ökovision (☞ Seite 62). Der Rest wird konventionell investiert. Partner der versiko AG ist die Continentale Versicherung AG, die auch die gesamte Kapitalanlage übernimmt.

Ökologische Investmentpolice

Bei dieser Lebensversicherungs-Police, die von der Stuttgarter Pro Vita GmbH zusammen mit einem Partner, dem schwedischen Versicherungskonzern Skandia, entwickelt wurde, werden die Gelder in verschiedene ökologisch orientierte Fonds investiert. Die Anleger können kostenlos beliebig oft ihr Kapital zwischen den einzelnen Fonds umschichten – je nachdem, wie sie deren Erfolgsaussichten und deren ökologischen und sozialen Anspruch bewerten.

oeco capital Lebensversicherung

Deutschlands derzeit einziger ökologischer Lebensversicherer ist die oeco capital AG. Seit ihrem Start im Mai 1996 investiert sie das Kapital ihrer Kunden ausschließlich in ökologisch orientierte Unternehmen und Projekte. Bevor es zu einem Investment kommt, müssen sich die »Kandidaten« einer intensiven Prüfung unterziehen: Ein renommiertes Privatbankhaus untersucht die Renditeaussichten. Ist das Urteil positiv, kommt die Ökologie an der Reihe – eine Öko-Rating-Agentur erstellt ein Gutachten. Erst wenn auch diese grünes Licht gibt, wird das Investment getätigt.

Hinter der oeco capital Lebensversicherung AG steht die Concordia-Versicherungsgruppe als Hauptaktionär. Sie hält mehr als 75 % der Aktien.

Ethisch-ökologische Lebensversicherungen

Fondsgebundene »grüne« Lebensversicherungen		
Produktname	**Anbieter**	**Fonds**
Life Time Öko	Continentale Lebensversicherung a. G.	50% OekoSar, 25% Activest LuxEcoTech, 25% ValueSar Equitiy
Ökologische Investment Police	ProVita GmbH mit Skandia AG	Kunden können aus sieben Umweltfonds wählen
Transparente Investment Police	Skandia Lebensversicherung AG	Kunden können aus über 40 (»grünen« und konventionellen) Fonds wählen
VersiLife	Versiko AG/Continentale	je ein Drittel OekoSar, Activest Lux EcoTech, Ökovision
Wertpapier-Police	Cosmos Lebensversicherungs-AG	BfG Luxinvest

Kapitallebensversicherungen mit eigenem Abrechnungskreis		
Produktname	**Anbieter**	**Investition**
oeco capital	oeco capital Lebensversicherung AG	Beiträge werden zu 100 % in ethisch-ökologische Projekte investiert

Kapitallebensversicherungen ohne eigenen Abrechnungskreis		
Produktname	**Anbieter**	**Investition**
Green Effects	Securvita Versicherungsmakler GmbH	auf dem NAX basierender Aktienfonds; Lebensversicherung wird voraussichtlich im Sommer 2001 auf den Markt kommen
transparente	Verein für alternative Versorgungskonzepte e. V. mit Neue Leben Lebensversicherung AG	Refinanzierungsmittel werden mindestens in Höhe der Beitragszahlungen für ökologisch-soziale Kapitalanlagen zur Verfügung gestellt

3

Anleihen

Eine weitere beliebte Sparvariante ist das Sparen mit Anleihen, auch Schuldverschreibungen oder Obligationen genannt. Das sind festverzinsliche Rentenpapiere, die von Staaten, Kreditinstituten, Großunternehmen wie Siemens und Telekom, aber auch Post und Bahn sowie von internationalen Institutionen herausgegeben werden.

Die Aussteller oder Emittenten leihen sich von den Käufern der Anleihe einen bestimmten Betrag und verpflichten sich, diesen zum Ende der Laufzeit zu 100% zurückzuzahlen. Wie bei jedem anderen Darlehen erhalten die Gläubiger Zinsen, die je nach Art des Papiers jährlich, vierteljährlich oder erst am Ende der Laufzeit ausgezahlt werden. Diese beträgt meistens zehn Jahre, doch die Anleihen lassen sich jederzeit verkaufen.

Rentenpapiere werden an der Börse gehandelt; ihr Preis richtet sich nach dem jeweils aktuellen Stand von Angebot und Nachfrage.

Jede Veränderung des allgemeinen Zinsniveaus wirkt sich auf die Kurse am Rentenmarkt aus: Sinken die Zinsen, steigen die Kurse. Denn wenn das allgemeine Zinsniveau fällt, gewinnen Papiere, die noch zu einem höheren Zinssatz emittiert wurden, an Attraktivität. Ihr Kurs steigt über 100 %. Bei steigendem Zinsniveau tritt das Gegenteil ein.

Vorsicht Falle

Hohe Rendite – hohes Risiko

Es kann vorkommen, dass Ihnen eine Anleihe angeboten wird, deren Renditen deutlich über dem Marktdurchschnitt liegt. Gerade dann sollten Sie genaue Informationen über die Zahlungsfähigkeit, die Bonität, des Schuldners einholen. Auskunft erteilen die Banken, die ihre Angaben von so genannten Rating-Agenturen beziehen. Diese unterziehen die emittierenden Institutionen und Unternehmen einer akribischen Untersuchung und bewerten ihre Wirtschaftlichkeit. Vorsicht ist auf jeden Fall bei Anleihen von Staaten geboten, deren wirtschaftliche Lage als schwierig bewertet werden muss, wie Russland oder die Ukraine, aber auch Argentinien oder Ecuador.

Schuldverschreibungen mit ökologischer Ausrichtung

»Grüne« festverzinsliche Wertpapiere sind derzeit noch relativ spärlich gesät. Als Emittenten treten staatliche oder halbstaatliche Gesellschaften auf, die im Energie- und Transportwesen arbeiten. So hat etwa die Deutsche Bundesbahn vor der Bahnreform zwei Anleihen ausgegeben, die noch bis 2002 und 2003 laufen. Auch Kreditinstitute und Institutionen, die sich im Bereich der Umweltförderung engagieren, geben »grüne« Anleihen aus, zum Beispiel die Kreditanstalt für Wiederaufbau, die Deutsche Ausgleichsbank, die Österreichische Kommunalkredit AG oder der Sozialfonds des Europarats. Gehandelt werden diese Wertpapiere wie alle anderen auch an der Börse; es gibt keinen eigenen Handelsplatz für ökologisch ausgerichtete Schuldverschreibungen.

So lesen Sie Kurszettel

In den großen Wirtschaftszeitungen finden Sie die aktuellen Kurse der Rentenpapiere. Wenn Sie zum Beispiel im Handelsblatt auf die folgende Angabe stoßen

Deutsche Ausgleichsbank
7 95/05 05.09 117,90 117,95 3,774

dann bedeutet das Folgendes: Es geht um eine Anleihe der Deutschen Ausgleichsbank, die mit 7 % verzinst wird. Ausgegeben wurde sie im Jahr 1995, die Laufzeit endet im Jahr 2005. Die Zinszahlung erfolgt zum 5. September. Die Anleihe notierte gestern zu 117,90 €. Ihr Vortageskurs lag bei 117,95 €; ihre Rendite beträgt 3,774 %.

Beispiele »grüner« Anleihen

Anleihen im Transportbereich emittiert die in Basel ansässige »Europäische Gesellschaft für die Finanzierung von Eisenbahnmaterial«, kurz **Eurofima**. Sie finanziert Rollmaterial, zum Beispiel Lokomotiven und Waggons, das bei europäischen Eisenbahngesellschaften zum Einsatz kommt. Die renommierte Rating-Agentur »Standard & Poor's« hat ihr erstklassige Bonität bescheinigt und die Bestnote »AAA« verliehen.

Schuldverschreibungen zur Refinanzierung von Krediten

Der **Sozialentwicklungsfonds des Europarats** gibt Anleihen heraus, um die günstigen Darlehen zu refinanzieren, die er an ärmere Mitgliedsstaaten der EU vergibt. Diese Kredite dienen der Förderung von Projekten in den Bereichen Umweltschutz, Hilfe für Flüchtlinge und bei Naturkatastrophen, Erziehung, Schaffung von Wohnraum oder auf dem Sektor Regionalentwicklung.

Auch die **Deutsche Ausgleichsbank** nutzt Anleihen zur Refinanzierung ihrer zinsbegünstigten Kredite. Mit diesen Geldern greift sie Existenzgründern und -gründerinnen unter die Arme oder unterstützt ökologische Investitionen.

So kaufen sie »grüne« Anleihen

Auswahl: Ökologisch orientierte Anleihen können Sie am einfachsten aufspüren, indem Sie sich die Zusammensetzung der ökologisch orientierten Renteninvestmentfonds ansehen. Wollen Sie sich hingegen selbstständig auf die Suche nach Emittenten machen, so müssen Sie sich auf eine umfangreiche Recherchearbeit einstellen. So sollten Sie sich unbedingt nach der Bonität des Anbieters erkundigen. Finanzratings geben Auskunft darüber.

Kauf: Der Kauf und die Verwahrung der Papiere funktionieren ähnlich wie bei Aktien (☞ Seite 47): Sofern Sie ein Wertpapierdepot besitzen, können Sie unter Angabe der » Wertpapierkennnummer jegliche im Handel befindliche Anleihe bestellen; die Bank erwirbt diese dann für Sie an der Börse.

Nebenkosten: Das Kreditinstitut berechnet für seine Dienste 0,5 % Provision; dazu kommen Maklercourtage und Börsenspesen – im Schnitt 0,075 % des Kurswerts der Anleihe. In der Regel kostenlos ist dagegen der Kauf von Anleihen bei einer Neuemission, also wenn das Papier noch nicht an der Börse gehandelt wird.

Investmentklubs

»Gemeinsam werden wir reich.« Das nahmen sich vor mehr als 100 Jahren in einem kleinen Dorf in Texas der Farmer Jack Brooks und dessen Freunde und Nachbarn vor und gründeten den weltweit ersten Investmentklub. Dem internationalen Zusammenschluss der Investmentklubs, der World Federation of Investors Corporation, gehören heute rund 37.600 Gruppen an. Manche davon entscheiden nach ethisch-ökologischen Kriterien über die Auswahl der Aktien.

Investmentklubs arbeiten nach einem ähnlichen Prinzip wie Investmentfonds, jedoch ohne deren hohe Kosten zu verursachen. Jedes Mitglied zahlt regelmäßig in einen gemeinsamen Topf ein. Mit dem Geld werden Wertpapiere gekauft, die in einem Gemeinschaftsdepot lagern. Die Entscheidung, in welche Papiere investiert werden soll, fällen die Mitglieder selbst.

Rechtsform

Investmentklubs sind in Deutschland in der Regel als Gesellschaft bürgerlichen Rechts (GbR) organisiert. Das macht alle Mitglieder zu gleichberechtigten Gesellschaftern. Sie dürfen somit bei allen Transaktionen mitentscheiden und die Geschäftsführung des Investmentklubs kontrollieren. Grundlage aller Handlungen ist ein Gesellschaftsvertrag, der die einzelnen Organe, ihre Befugnisse sowie die Anlagegrundsätze genau festlegt.

Beim Aufsetzen des Vertrags bieten die Empfehlungen der Aktionärsvereinigung Deutsche Schutzgemeinschaft für Wertpapiersparen (DSW) eine nützliche Hilfestellung. Ihr »Leitfaden zur Gründung von Investmentclubs« enthält auch einen Mustervertrag; er ist für 10 DM bei der Düsseldorfer Geschäftsstelle (Telefon 02 11/66 97 02) erhältlich.

Rendite und Fiskus

Die steuerliche Behandlung ethischer Anlagen

teuer

Keine Steuervorteile für »grünes« Geld

Ob unser Geld im Grünen gewachsen ist oder sich durch konventionelle Anlage vermehrt hat, ist dem Finanzamt ganz egal: Es will in jedem Fall etwas davon abbekommen. Denn der Staat macht keinen Unterschied bei der Herkunft des Geldes und verpflichtet grundsätzlich jeden Menschen mit Wohnsitz in Deutschland, sein Einkommen zu versteuern. Und zu dem Einkommen zählen auch Einkünfte aus Kapitalvermögen. Besondere Steuervorteile für ethisch motivierte Anleger gibt es also nicht.

Einkünfte aus Kapitalvermögen

Zu dieser Einkommensart gehören im Grunde alle »regelmäßigen Zahlungen« aus Kapitalvermögen: Zinsen aus Sparbüchern und -briefen oder festverzinslichen Wertpapieren, Dividenden sowie sonstige Bezüge aus Aktien oder anderen Unternehmensbeteiligungen. Jede Steuerzahlerin und jeder Steuerzahler ist verpflichtet, diese Einnahmen bei der Steuererklärung in der »Anlage KSO« anzugeben. Seit Einführung der Zinsabschlagsteuer bedient sich der Fiskus gleich an der Quelle: Er hat alle Kreditinstitute dazu verpflichtet, 30 % der Zinserträge einzubehalten.

Freibeträge und Freistellungsaufträge

Unversteuert bleiben diese Einkünfte bis zu einem Freibetrag von 3.100 DM für Ledige und 6.200 DM für Verheiratete. Um in den Genuss der Freibeträge zu kommen, müssen Anleger den Kreditinstituten einen Freistellungsauftrag erteilen. Bei mehreren Konten muss der Betrag aufgesplittet werden.

Banken und Sparkassen sind verpflichtet, von allen Zinserträgen, für die ihre Kunden ihnen keinen Freistellungsauftrag erteilt haben, 30 % abzuziehen und an das Finanzamt zu überweisen. Bei Dividendenerträgen aus Aktien, Genussscheinen, Wandelanleihen und Gewinnschuldverschreibungen fallen 25 % Kapitalertragsteuer an. Liegen Ihre Kapitaleinkünfte innerhalb des Freibetrags von 3.100 bzw. 6.200 DM pro Jahr, haben Sie eine Art Vorauszahlung geleistet, die Sie sich bei der Einkommenssteuererklärung zurückholen können. Liegen Ihre jährlichen Einkünfte aus Kapitalvermögen darüber, müssen Sie nur den Teil der Erträge aus Zinsen und Dividenden als Einkommen versteuern, der den Freibetrag überschreitet. Dabei gilt nicht der pauschale Satz von 30 %, sondern Ihr persönlicher Steuersatz.

Fiskus bedient sich an der Quelle

Lachende Kursgewinner

Erfreulicher sieht hingegen die Situation bei Kursgewinnen aus. Diese Einkünfte sind, anders als die Dividendenausschüttungen, steuerfrei, unabhängig davon, ob sie mit Rentenpapieren oder Aktien erzielt wurden. Einzige Bedingung: Zwischen dem An- und dem Verkauf muss eine so genannte Spekulationsfrist von mindestens einem Jahr liegen. Können Sie so lange nicht warten, dürfen Sie immerhin noch bis zu 1.000 DM Spekulationsgewinn pro Kalenderjahr steuerfrei einstreichen. Doch Vorsicht: Bei diesem Betrag handelt es sich um eine **Freigrenze**, keinen **Freibetrag**. Das bedeutet: Wenn Sie in einem Jahr nur einen einzigen Pfennig mehr an Kursgewinnen einstreichen, müssen Sie den gesamten Betrag versteuern.

Steuerfreie Kursgewinne bei Einhalten der Spekulationsfrist

Bei Ehepaaren wird übrigens jedem einzelnen Partner die Freigrenze eingeräumt: Lautet das Wertpapierdepot auf den Namen beider Ehegatten, so dürfen sie zwei Mal 999,99 DM an Kursgewinnen steuerfrei einstreichen, insgesamt also 1999,98 DM. Ist dagegen nur einer der Partner Inhaber des Wertpapierdepots, so gilt die Freigrenze von 1000 DM.

Im Zuge der Steuerreform 2001 hat der Fiskus bei der Aktienbesteuerung einiges geändert. Wichtigste Neuerung: Künftig gilt das so genannte **Halbeinkünfteverfahren**. Der Staat besteuert ab Januar 2002 nur noch die Hälfte der erzielten Erträge. So werden Spekulationsgewinne aus dem An- und Verkauf deutscher Aktien in Zukunft nur noch zur Hälfte erfasst; umgekehrt können Anleger aber auch Kaufspesen und Werbungskosten nur noch zur Hälfte geltend machen.

Änderung ab 2002

Bei Gewinnen aus **Fondsanteilen** leitet die depotführende Bank 30 % der Erträge ans Finanzamt weiter und stellt dem Anleger eine Bescheinigung über den pauschalen Steuerabzug aus. Sofern der Bankkunde den Freibetrag der Zinsabschlagsteuer nicht ausgeschöpft hat, wird diese Vorauszahlung bei der Steuererklärung als Guthaben angerechnet.

Bei Einkünften aus **Beteiligungen an Risikokapital-Gesellschaften** entscheidet die Rechtsform der Gesellschaft darüber, ob es sich um Einkommen aus Kapitalvermögen oder aus selbstständiger Tätigkeit handelt.

Ganz anders die Situation bei **geschlossenen Fonds** und bei **direkten Unternehmensbeteiligungen**: Hier treten die Anleger als gleichberechtigte Mitgesellschafter auf, die an den Gewinnen und Verlusten der Gesellschaft teilhaben. Werden Gewinne erwirtschaftet, gelten die Erträge als ganz normales Einkommen der Investoren und werden mit deren individuellem Steuersatz besteuert.

Verlustabschreibung nur noch begrenzt möglich

Fährt das Unternehmen Verluste ein, konnten Investoren und Investorinnen mit hohem Einkommen und einem entsprechend hohen Steuersatz in der Vergangenheit bei ihrer Steuererklärung umfangreiche Verlustzuweisungen geltend machen. Das führte dazu, dass sich in besonderen Fällen sogar ein Großteil der Kapitalanlage aus ersparten Steuern finanzieren ließ. Heute sind die Möglichkeiten der Verlustabschreibung stark eingeschränkt. Deshalb gilt:

Holen Sie unbedingt den Rat Ihres Steuerberaters ein, wenn Sie eine Direktbeteiligung planen!

Eine Sonderstellung in der steuerlichen Behandlung nehmen aufgrund ihres Vorsorgecharakters die **Lebensversicherung** ein, zu der auch die **private Rentenversicherung** zählt. Auf die ausgezahlten Erträge – Versicherungssumme und Überschussanteile – wird keine Einkommensteuer erhoben, sofern der Vertrag eine Laufzeit von mindestens zwölf Jahren hat.

Investmentklubs verfahren in der Regel ähnlich wie Investmentfonds: Die Anleger erhalten Bescheinigungen über die bereits gezahlten Steuern und geben diese zusammen mit den erzielten Erträgen bei der Steuererklärung an.

5 Vorsicht Mogelpackung!

Dubiose Anbieter auf dem »grau-grünen« Markt

Der »grau-grüne« Kapitalmarkt

Unter dem »grauen« Kapitalmarkt versteht man den nicht regulierten bzw. von staatlichen Regulierungen und Überwachungen weitgehend freien Teil des Kapitalmarkts. Zweifelhafte Anlageberater und Finanzdienstleister werden auf der Suche nach neuen Kundengruppen hier nur allzu leicht fündig. So werden Kleinanleger immer häufiger zu Opfern von Kapitalanlagebetrug. Die Verbraucherzentrale Berlin e. V. hält die Bundesrepublik sogar für ein »Eldorado für Kapitalanlagebetrüger«.

Hohe Dunkelziffer bei Kapitalanlage-Betrug

Über die genaue Höhe des entstandenen Schadens gibt es nur Schätzungen, denn die Dunkelziffer ist hoch. Experten rechnen damit, dass die jährlichen Schäden im zweistelligen Milliardenbereich liegen.

Die Ursachen hierfür sind vielfältig: die Unvorsichtigkeit von Anlegern, von eloquenten Verkäufern geweckte Hoffnungen auf zwei- oder dreistellige Jahresrenditen, Eitelkeit und Unkenntnis, Selbstüberschätzung und der Wunsch nach Bestätigung ... Auch vermeintliche Steuerersparnisse oder die Möglichkeit, Schwarzgeld zu investieren, locken. Eines ist jedenfalls allen Opfern gemeinsam: Das hohe Risiko, das gesamte investierte Geld zu verlieren, wird nicht beachtet – bewusst oder unbewusst.

»Grün« schützt nicht vor »grau«

Natürlich ist auch der Markt für ökologisch und sozial verträgliche Geldanlagen vor dubiosen Anbietern nicht gefeit. Schon in den Anfangsjahren des ethischen Investments in Deutschland mussten ökologisch orientierte Anleger erfahren, dass das grüne Etikett der Anbieter nicht immer auch eine saubere Weste bedeutete. Manche mussten aus erlittenem Schaden lernen, dass sich auch hinter einer als ethisch-ökologisch – und noch dazu lukrativ – beworbenen Kapitalanlage eine Mogelpackung verbergen kann.

Schwarze Schafe auf dem grünen Kapitalmarkt

Als Warnung mag das Beispiel der Artus-Concorde-Gruppe dienen, die Kleinanlegern Sparpläne mit »ethisch einwandfreien« Kapitalanlagen verkauft hat. Wenig ethisch hingegen die Vertriebsmethoden: Über 2.000 Mitarbeiter der einst als »Drückerkolonne« bekannten Concorde schafften es, Sparverträge mit Abschlusssummen von insgesamt mehr als 40 Millionen DM und zum Teil extrem langen Laufzeiten zu verkaufen. Die ebenso extremen Provisionen wurden aus den Einlagen der Investoren bezahlt. Fallende Börsenkurse und hohe Kosten, die über die Einnahmen hinausgingen, sorgten dafür, dass die Pyramide zusammenbrach. Das Bundesaufsichtsamt für das Kreditwesen beanstandete unerlaubte Bankgeschäfte und schaltete die Staatsanwaltschaft ein. Das Ende vom Lied: Anleger mussten erhebliche Verluste hinnehmen. Wer ein knappes Drittel seines Geldes zurückbekam, konnte sich glücklich schätzen ...

Bei Superrenditen ist Skepsis geboten

Angebote gründlich prüfen!

Lassen Sie sich weder vom Etikett »grün« noch von Broschüren auf Öko- oder Hochglanzpapier oder perfekt gestalteten Internet-Seiten blenden – all das ist kein Garant für Sicherheit, Seriosität und Rentabilität der Anlage. Der wirksamste Schutz gegen unseriöse Anbieter ist nach wie vor ein gesundes Maß an Menschenverstand und Misstrauen. Das ist vor allem dann dringend geboten, wenn die Zinsversprechen über dem normalen Niveau liegen. Informieren Sie sich umfassend, bevor Sie eine Geldanlage tätigen!

Informationsquellen zum »grau-grünen« Kapitalmarkt

- Der auf ethisch-ökologische Geldanlage spezialisierte Öko-Invest Verlag publiziert viermal jährlich eine »grau-grüne Liste«, auf der diejenigen Anbieter genannt werden, die dem Verlag Auskünfte über ihr Unternehmen verweigern. Auch wenn daraus nicht der Umkehrschluss gezogen werden kann, dass diese Unternehmen unseriös wären, rät der Verlag von einem Investment ab (☞ Seite 111). Unter www.oeko-invest.de wird diese Liste auch im Internet veröffentlicht.

- Die von der Stiftung Warentest herausgegebene Zeitschrift »Finanztest« informiert in unregelmäßigen Abständen über ethisches Investment und nennt dabei auch »schwarze Schafe«.

- Gute Informationen zum grauen Kapitalmarkt finden Sie auch unter den Internetadressen: www.wolfgang-kynast.de und www.anlageschutzarchiv.de.

Vorsicht Falle!

Auch wenn Nepper, Schlepper und Bauernfänger sich immer wieder neue Tricks einfallen lassen, um die Leichtgläubigkeit mancher Menschen – und ihr Streben nach Gewinn – auszunutzen, ähnelt sich das Grundmuster vieler Fälle von Kapitalanlage-Betrug. Aufgrund dieser Erfahrung haben die Verbraucher-Zentrale NRW und das nordrhein-westfälische Landeskriminalamt eine Liste erstellt, die es Ihnen erleichtert, unseriöse Anbieter zu erkennen.

❶ **Wie ist der Erstkontakt zustande gekommen?**
Schließen Sie niemals mit Firmen oder Institutionen Geschäfte ab, die sich unaufgefordert telefonisch, per Telefax oder E-Mail: bei Ihnen gemeldet haben. Diese unaufgeforderte Kontaktaufnahme verstößt gegen das Wettbewerbsrecht.

❷ **Wie hoch ist die in Aussicht gestellte Rendite?**
Bleiben Sie misstrauisch. Je höher die Gewinnversprechungen, desto unwahrscheinlicher ihre Realisierung.

❸ **Wird Ihnen ein kleines Geschäft zum Einstieg angeboten?**
Ein uralter Trick: Nach dem positiven Ausgang des Geschäfts fassen die Kunden Vertrauen, gehen ein umfangreicheres Geschäft ein – und werden gnadenlos abgezockt. Lassen Sie sich zu keinem auch noch so kleinen Erstgeschäft überreden.

❹ Wollen Sie »Schwarzgeld« anlegen?

Damit machen Sie sich strafbar – und auch erpressbar! Die Anbieter wissen genau, dass Anleger von »schwarzem Geld« ihre Rechte kaum einfordern können, weil sie sonst eigene Nachteile riskieren: neben der Nachversteuerung des Betrages auch Strafen oder Geldbußen.

❺ Setzt der Anbieter Sie unter Zeitdruck?

Wenn es bisher noch keinen Grund für ein entschiedenes »Nein« gab, dann haben Sie ihn jetzt: Ordern Sie niemals unter Zeitdruck!

❻ Wer ist der Anbieter?

Um sicherzugehen, dass Sie es nicht mit einer »Eintagsfliege« zu tun haben, die auf dem grauen Kapitalmarkt häufig anzutreffen sind, sollten Sie sich Referenzen nennen lassen. Fragen Sie nach, seit wann das Unternehmen besteht und wo es angesiedelt ist. Werden als Geschäftssitz des Unternehmens Steuerparadiese wie Panama oder die Bahamas angegeben, sollten Ihre Alarmglocken läuten. Schöpfen Sie auch dann unbedingt alle Informationsquellen aus, wenn Ihnen eine Geldanlage von Verwandten oder Bekannten empfohlen wurde.

❼ In was wird investiert?

Verlangen Sie schriftliche Angebote und machen Sie sich intensiv mit dem Grundgeschäft, den Handelsbedingungen und den Markttrends vertraut.

❽ Wer ist der Treuhänder?

Treuhänder muss eine unabhängige Person oder Institution sein, die bis zur Investition den alleinigen Zugriff auf die Kasse hat. Auch hier gilt: Vertrauen Sie nicht blindlings, sondern kontrollieren Sie!

❾ Wie sieht die Investitionsrechnung aus?

Verlangen Sie ausführliche Informationen zu der angebotenen Kapitalanlage einschließlich einer Risikodarstellung und detaillierter Angaben aller Kosten wie Provisionen, Gebühren und Gewinnbeteiligungen.

1 cm = 1 km
der richtige Weg

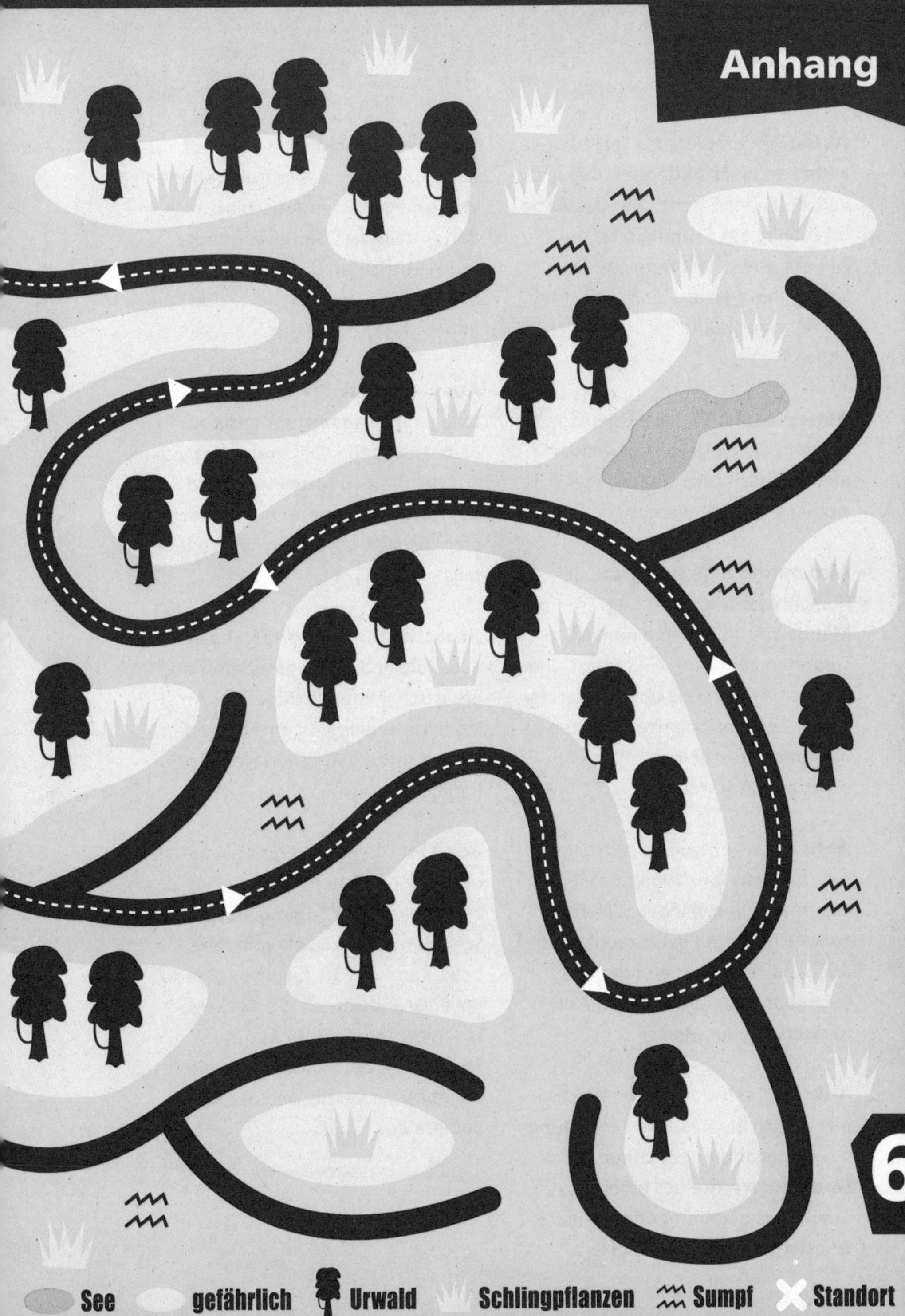
See
gefährlich
Urwald
Schlingpflanzen
Sumpf
Standort

Aktie: Wertpapier, das Teilhaberrechte an einer Aktiengesellschaft verbrieft. Der Eigentümer der Aktie ist anteilig am Grundkapital der Aktiengesellschaft beteiligt. Das sichert ihm gewisse Einflussrechte. › Nennwertaktie › Stückwertaktie

Aktienfonds: › Investmentfonds, bei dem die eingezahlten Gelder ausschließlich oder überwiegend in Aktien investiert werden.

Aktienindex: Messzahl, die die Kursentwicklung einer begrenzten Menge von Aktien in einem bestimmten Zeitraum wiedergibt. Die in einem Aktienindex berücksichtigten Aktiengesellschaften werden dabei nach festgelegten Gesichtspunkten ausgewählt.

Aktionärsrechte: Das Aktiengesetz aus dem Jahr 1965 sichert den Aktionären verschiedene Rechte; zum Beispiel ein Bezugsrecht bei der Ausgabe neuer Aktien oder das Recht auf Teilnahme an den Aktionärsversammlungen.

Anleihe: Festverzinsliches Wertpapier – auch als Schuldverschreibung oder Obligation bezeichnet –, das Forderungsrechte des Inhabers oder Gläubigers gegenüber dem Aussteller oder Schuldner verbrieft.

Ausgabeaufschlag: Beim Kauf von Fondsanteilen müssen Anlegerinnen und Anleger einen Aufschlag auf den Anteilswert des Investmentfonds entrichten. Dieses Geld dient zur Deckung von Vertriebs- und Ausgabekosten.

Ausgabepreis: Preis, für den Anteile an Investmentfonds erworben werden können. Der Preis setzt sich aus dem reinen Anteilswert und dem › Ausgabeaufschlag zusammen. Er wird börsentäglich ermittelt.

Ausschüttender Fonds: Bei einem ausschüttenden Fonds werden die erwirtschafteten Erträge den Anlegern in regelmäßigen Abständen ausgezahlt. › Thesaurierender Fonds

Bonität: Die Bonität gibt die Fähigkeit eines Schuldners zur Zinszahlung und zur Tilgung seiner Schulden an. Sie spielt vor allem beim Kauf von › Anleihen eine Rolle. Grundsätzlich gilt die Regel: Je schlechter die Bonität des Schuldners, desto höher fällt die angebotene Verzinsung der Wertpapiere aus.

Courtage: Gebühr, die bei Börsengeschäften von den Börsenmaklern berechnet wird. Die Höhe der Courtage ist an den einzelnen Wertpapierbörsen für die verschiedenen Börsengeschäfte jeweils einheitlich geregelt.

Direktbeteiligung: Theoretisch ist jede Geldanlage, bei der ein Anleger Miteigentümer eines Unternehmens wird, eine Direktbeteiligung. Deshalb zählen streng genommen auch Aktien dazu. Im normalen Sprachgebrauch werden sie jedoch nicht darunter gefasst.

Dividende: Der auf die einzelne Aktie entfallende Anteil des ausgeschütteten Gewinns einer Aktiengesellschaft.

Effektivverzinsung: › Rendite

Emittent: Herausgeber von Wertpapieren.

Gemischter Fonds: › Investmentfonds, der aus verschiedenen Wertpapierarten besteht. Mischfonds können zum Beispiel sowohl in Aktien als auch in festverzinsliche Wertpapiere investieren.

Indexfonds: Investmentfonds, dessen Zusammensetzung einen bestimmten › Aktienindex möglichst exakt abbildet – die Auswahl der Wertpapiere beruht also nicht auf der Entscheidung der Fondsmanager. Deshalb spricht man auch von passiv gemanagten Fonds.

Indexzertifikat: Börsennotierte Schuldverschreibung, die einen bestimmten Aktienindex widerspiegelt. Die Anleger haben Anspruch auf Zahlung eines bestimmten Geldbetrags, dessen Höhe vom Stand des Indexes abhängt.

Investmentfonds: › Sondervermögen, das je nach Fondstyp aus Wertpapieren oder Immobilien zusammengesetzt ist und von einer Kapitalanlage-Gesellschaft für die Anlegerinnen und Anleger verwaltet wird. Diese erwerben mit dem › Investmentzertifikat einen Miteigentumsanteil am Sondervermögen.

Investmentzertifikat: Wertpapier, das ein Miteigentum in Bruchteilen an einem › Investmentfonds verbrieft.

Kurswert: An der Börse durch Angebot und Nachfrage bestimmter Wert einer Aktie zu einem bestimmten Zeitpunkt. Der Kurswert einer Aktie bestimmt ihren Kaufpreis; er ist in der Regel deutlich höher als ihr Nennwert. › Nennwertaktie

Maklergebühr: › Courtage

Mischfonds: › Gemischter Fonds

Nennwertaktie: Der Nennwert einer Aktie gibt einen bestimmten Betrag an, mit dem der Aktieninhaber am Grundkapital einer Aktiengesellschaft beteiligt ist. Er ist nicht identisch mit ihrem › Kurswert. Viele Unternehmen sind heute dazu übergegangen, statt Nennwertaktien nennwertlose › Stückaktien auszugeben.

Obligation: › Anleihe

Performance: Wertzuwachs eines Fonds › Rendite

Portfolio: Die Gesamtheit der Wertpapiere, die ein Anleger besitzt, oder die in einem Investmentfonds enthalten sind.

Rendite: In Prozent pro Jahr angegebener Zinssatz, der den jährlichen Reinertrag einer Anlage, bezogen auf das eingesetzte Kapital, ausdrückt. Die Rendite, auch als Effektivverzinsung bezeichnet, bildet den wichtigsten Maßstab zum Vergleich von Kapitalanlagen. Allerdings ist eine aussagekräftige Gegenüberstellung nur unter Einbeziehung weiterer Faktoren wie Laufzeit, Sicherheit und Verfügbarkeit der Anlage möglich.

Rücknahmepreis: Preis, zu dem die Kapitalanlagegesellschaften Fondsanteile von Anlegern zurückkaufen. Der Rücknahmepreis wird börsentäglich ermittelt.

Schuldverschreibung: › Anleihe

Sondervermögen: Vermögen eines › Investmentfonds, das je nach Art des Fonds vor allem aus Wertpapieren oder Immobilien besteht. Das Sondervermögen muss strikt vom Gesellschaftsvermögen der Kapitalanlagegesellschaft getrennt sein. Es wird daher bei einer Depotbank verwahrt, die darüber wacht, dass das Vermögen nicht für eigene Zwecke der Gesellschaft missbraucht wird.

Sparbrief: Wertpapiere mit zumeist mittelfristigen Laufzeiten, die von Kreditinstituten herausgegeben werden. Bis auf Sparbriefe mit steigender Verzinsung können diese Wertpapiere in der Regel nicht vor dem Ende der Laufzeit zurückgegeben werden.

Sparerfreibetrag: Freibetrag, bis zu dem Einkünfte aus Kapitalvermögen nicht versteuert zu werden brauchen. Seit dem 1. Januar 2000 gilt für Ledige ein Freibetrag von 3.100 DM, für Verheirate von 6.200 DM.

Stückaktie: Eine Stückaktie hat keinen Nennwert. Sie verbrieft einen bestimmten prozentualen Anteil an einer Aktiengesellschaft. › Nennwertaktie

Thesaurierender Fonds: Anders als beim › ausschüttenden werden beim thesaurierenden Fonds die erwirtschafteten Erträge nicht ausgezahlt, sondern zum sofortigen Erwerb weiterer Fondsanteile verwendet.

Wertpapierkennnummer (WKN): Jedes Wertpapier erhält eine eigene sechsstellige Identifikationsnummer, unabhängig davon, ob es an der Börse gehandelt wird oder nicht. Diese Nummer erleichtert den Handel mit Wertpapieren.

Bücher

Bundesministerium für Umwelt, Naturschutz und Reaktorsicherheit, Umweltbundesamt (Hrg.):
Mehr Wert: ökologische Geldanlagen
Berlin, 2. Auflage September 2000
kostenlos

Deml, Max; Weber, Jörg:
Grünes Geld
Jahrbuch für ethisch-ökolgische Geldanlagen 2000/2001
Altop Verlag, München 2000
39,– DM

Deml, Max; Gelbrich, Jutta; Prinz, Kirsten; Weber, Jörg:
Rendite ohne Reue
Frankfurt am Main 1996
29,80 DM

Schneeweiß, Antje:
Mein Geld soll Leben fördern
Matthias-Grünewald-Verlag, Mainz 1998
34,– DM

Zeitschriften

Finanztest
Das monatlich erscheinende Magazin der Stiftung Warentest berichtet in unregelmäßigen Abständen über ethisch-ökologische Kapitalanlagen, zum Beispiel über Umweltfonds.
Preis pro Heft: 7 DM

Öko-Invest
14-tägig in Wien erscheinender Branchendienst mit aktuellen und umfangreichen Informationen zum Thema »grünes Geld«; enthält auch eine »grau-grüne Liste« nicht empfehlenswerter Geldanlagen.
Preis pro Heft: 10 DM. Kostenloses Probeexemplar zu beziehen bei: Öko-Invest Verlag GmbH, Schweizertalstr. 8-10/5, A-1130 Wien

politische ökologie: Aktie Grün, Heft 67/68 (Dezember 2000)
26,80 DM
Namhafte Experten beleuchten unterschiedliche Aspekte der ökologischen Geldanlage. Das Heft bietet interessanten Lesestoff für eine fundierte Auseinandersetzung mit dem Thema.

Internet-Adressen

www.ecoreporter.de
Das »Portal für Geldanlage mit Ökologie, Ethik und Gewinn« ist derzeit wohl die umfassendste Informationsquelle zum ethischen Investment im deutschsprachigen Netz. Es bietet nicht nur ständig aktuelle Meldungen und einen Newsletter, sondern auch eine Suchmaschine und Links zu Websites zum Thema Umweltfonds, Umweltaktie, Windkraftfonds etc.

www.oeko-invest.de
Die Online-Version des gleichnamigen Börsenbriefs. Bietet aktuelle Informationen für ökologisch orientierte Anleger, unter anderem die vierteljährlich herausgegebene »grau-grüne Liste« nicht empfehlenswerter Investments.

www.anlageschutzarchiv.de
Unter dieser Adresse bietet die Schutzgemeinschaft der Kleinaktionäre (SdK) Informationen über Anbieter von Wertpapieren, gegen die gerichtlich vorgegangen wird.

Ethisch-ökologisch orientierte Banken

GLS Gemeinschaftsbank eG
Postfach 10 08 29
44708 Bochum
Telefon 02 34/57 97–0 oder
08 00/4 57 22 65
Telefax 02 34/57 97–133
www.gemeinschaftsbank.de

Ökobank eG
Postfach 16 06 51
60069 Frankfurt
Telefon 0 69/2 56 10-0
Telefax 0 69/2 56 10-16
www.oekobank.de

UmweltBank AG
Laufertorgraben 6
90489 Nürnberg
Telefon 09 11/53 08–123
Telefax 09 11/53 08–129
www.umweltbank.de

Ethisch-ökologisch orientierte Lebensversicherungen *(Auswahl)*

Versiko AG
Fichtenstraße 42
40233 Düsseldorf
Telefon 02 11/9 73 70
www.versiko.de

ProVita GmbH
Stuttgarter Straße 100
70469 Stuttgart
Telefon 07 11/8 10 67 67
Telefax 07 11/8 10 67 71
www.provita-kapitalanlagen.de

oeco capital Lebensversicherung AG
Karl-Wiechert Allee 55
30625 Hannover
Telefon 05 11/57 01–22 90
www.oecocapital.de

Institute

Öko-Zentrum NRW
Sachsenweg 8
59073 Hamm
Telefon 0 23 81/3 02 20-0
Telefax 0 23 81/3 02 20-30
www.oekozentrum-nrw.de

Südwind
Institut für Ökonomie und Ökumene
Lindenstraße 58-60
53721 Siegburg
Telefon 0 22 41/5 36 17
Telefax 0 22 41/5 13 08
www.suedwind-institut.de

Rating-Agenturen *(Auswahl)*

imug-Institut für Markt-Umwelt-Gesellschaft e.V.
Eschestraße 23
30159 Hannover
Telefon 05 11/9 11 15–0
www.imug.de

oekom research AG
Waltherstraße 29
80337 München
Telefon 0 89/54 41 84-0
Telefax 0 89/54 41 84-99
www.oekom.de

Adressen der Verbraucher-Zentralen

Verbraucher-Zentrale
Baden-Württemberg e. V.
Paulinenstraße 47
70178 Stuttgart
Telefon 07 11/66 91-10
Telefax 07 11/66 91-50
E-Mail: info@verbraucherzentrale.de

Verbraucher-Zentrale
Bayern e. V.
Mozartstraße 9
80336 München
Telefon 0 89/5 39 87-0
Telefax 0 89/53 75 53
E-Mail: vz-bayern@t-online.de

Verbraucher-Zentrale
Berlin e. V.
Bayreuther Straße 40
10787 Berlin
Telefon 0 30/2 14 85-0
Telefax 0 30/2 11 72 01
E-Mail: mail@
verbraucherzentrale-berlin.de

Verbraucher-Zentrale
Brandenburg e. V.
Templiner Straße 21
14473 Potsdam
Telefon 03 31/2 98 71-0
Telefax 03 31/2 98 71-77
E-Mail: vz-brb@t-online.de

Verbraucher-Zentrale
Bremen e. V.
Altenweg 4
28195 Bremen
Telefon 04 21/16 07 77
Telefax 04 21/1 60 77 80
E-Mail: verbraucherzentrale_bremen@
t-online.de

Verbraucher-Zentrale
Hamburg e. V.
Kirchenallee 22
20099 Hamburg
Telefon 0 40/2 48 32-0
Telefax 0 40/2 48 32-2 90
E-Mail: info@vzhh.de

Verbraucher-Zentrale
Hessen e. V.
Große Friedberger Straße 13–17
60313 Frankfurt am Main
Telefon 0 69/97 20 10-0
Telefax 0 69/97 20 10-50
E-Mail: vzh@verbraucher.de

Verbraucher-Zentrale
Mecklenburg-Vorpommern e. V.
Strandstraße 98
18055 Rostock
Telefon 03 81/4 93 98-0
Telefax 03 81/4 93 98-30
E-Mail:
info@verbraucherzentrale-mv.de

Verbraucher-Zentrale Niedersachsen e. V.
Herrenstraße 14
30159 Hannover
Telefon 05 11/9 11 96-0
Telefax 05 11/9 11 96-10
E-Mail: vzn@compuserve.com

Verbraucher-Zentrale Nordrhein-Westfalen e. V.
Mintropstraße 27
40215 Düsseldorf
Telefon 02 11/38 09-0
Telefax 02 11/38 09-1 72
E-Mail: vz.nrw@vz-nrw.de

Verbraucher-Zentrale Rheinland-Pfalz e. V.
Ludwigstraße 6
55116 Mainz
Telefon 0 61 31/28 48-0
Telefax 0 61 31/28 48-66
E-Mail: vz_rheinland-pfalz@t-online.de

Verbraucher-Zentrale Saarland e. V.
Hohenzollernstraße 11
66117 Saarbrücken
Telefon 06 81/5 00 89-0
Telefax 06 81/5 00 89-22
E-Mail: vz-saar@t-online.de

Verbraucher-Zentrale Sachsen e. V.
Bernhardstraße 7
04315 Leipzig
Telefon 03 41/6 88 80 80
Telefax 03 41/6 89 28 26
E-Mail: vzs@vzs.de

Verbraucher-Zentrale Sachsen-Anhalt e. V.
Steinbockgasse 1
06108 Halle
Telefon 03 45/2 98 03 29
Telefax 03 45/2 98 03 26
E-Mail: vz-sa@t-online.de

Verbraucher-Zentrale Schleswig-Holstein e. V.
Bergstraße 24
24103 Kiel
Telefon 04 31/5 90 99-0
Telefax 04 31/5 90 99-77
E-Mail:
info@verbraucherzentrale-sh.de

Verbraucher-Zentrale Thüringen e. V.
Eugen-Richter-Straße 45
99085 Erfurt
Telefon 03 61/5 55 14-0
Telefax 03 61/5 55 14-40
E-Mail: vz-thueringen@t-online.de

Fragen Sie bei Ihrer Verbraucher-Zentrale nach der nächstgelegenen Verbraucherberatungsstelle.

6

Hier können wir Ihnen nur eine kleine Auswahl unseres mehr als 70 Titel umfassenden Ratgeberprogramms vorstellen. Auf Wunsch senden wir Ihnen gern die Gesamtübersicht aller Publikationen zu.

Unsere Ratgeber können Sie in den Beratungsstellen der Verbraucher-Zentralen kaufen oder bei den Herausgebern (siehe Impressum) bestellen. Bitte schicken Sie weder Geld noch Briefmarken. Sie erhalten mit der Lieferung eine Rechnung. Zu den genannten Preisen (Stand: März 2001) kommen noch Porto und Versandkosten.

Investmentfonds

Arbeiten nicht Sie für Ihr Geld, überlassen Sie das professionellen Fondsmanagern! Das ist die Botschaft, mit der Hunderte von Aktien-, Renten- und Immobilienfonds, von Mischfonds, AS- und Dachfonds um das Geld von Kleinanlegern werben. Aber wie finden Sie den richtigen Fonds, passend zum eigenen Anlageziel? Wie funktionieren überhaupt Fonds? Was bieten Spar- und Auszahlpläne? Vor allem Einsteiger ins Fondssparen finden hier Antworten auf alle wichtigen Fragen zum Thema Geldanlage in Investmentfonds.

208 Seiten .... 18,– DM / 9,20 €

1. Auflage 2000

Private Altersvorsorge

Eine individuelle Altersvorsorge ist heute wichtiger denn je. Wir stellen Ihnen beispielhafte Vorsorgestrategien vor: für die Lebensabschnitte bis 40 Jahre, bis 50 Jahre, bis zum Rentenbeginn – für risikofreudige und sicherheitsorientierte Anleger. Außerdem finden Sie Informationen über die auf dem Markt angebotenen Vorsorgeprodukte, zum Beispiel Sparanlagen, Aktien, Investmentfonds, Lebens- und Rentenversicherungen, Immobilien.

192 Seiten .... 18,– DM / 9,20 €

1. Auflage 2000

Sparen und Geldanlage

Das Buch erklärt leicht verständlich die Möglichkeiten der Geldanlage. Besonders beleuchtet werden Chancen und Risiken sowie steuerliche Aspekte. Tipps zum selbständigen Angebotsvergleich, zum Schutz vor unseriösen Anbietern, zur Anbieterhaftung sowie ein ABC der wichtigsten Fachbegriffe runden diesen geldwerten Ratgeber ab.

244 Seiten .... 18,– DM / 9,20 €

5. Auflage 2000

Baufinanzierung

Ein unentbehrliches Handbuch für alle, die bauen oder ein Haus bzw. eine Wohnung kaufen wollen. Das Buch liefert Informationen zur finanziellen Absicherung Ihres Vorhabens, zum Beispiel eine Anleitung zur persönlichen Finanzierungsplanung, sowie das Grundwissen zu den Finanzierungsformen »Hypothekendarlehen«, »Lebensversicherungshypothek« und »Bausparen«. Mit Checklisten für Finanzierungsbedarf und finanzielle Belastung.

192 Seiten .... 18,– DM / 9,20 €

12. Auflage 2000

Die Eigentumswohnung

Mit dem Kauf einer Eigentumswohnung verbinden sich viele Wünsche. Der Ratgeber zeigt Ihnen, worauf Sie vor und bei dem Kauf achten sollten, welche Regeln für das Zusammenleben im Haus gelten, wie die Verwaltung einer Wohnanlage funktioniert und was Sie beachten sollten, wenn Sie Ihre Wohnung vermieten möchten.

192 Seiten .... 18,– DM / 9,20 €

2. Auflage 2000

Häuser aus zweiter Hand

Das Buch richtet sich an Interessenten, die ein gebrauchtes Haus kaufen möchten, um darin selbst zu wohnen. Neben Tipps zur Bestimmung der eigenen Wohnwünsche und zur Suche finden Sie Hinweise, wie man Bauschäden erkennt und die Preiswürdigkeit des Hauses bestimmen kann. Ratschläge zum Abschluss von Verträgen machen das Nachschlagewerk komplett.

160 Seiten .... 14,– DM / 7,16 €

4. Auflage 2001

Richtig versichert – viel Geld gespart

Millionen Bundesbürger sind falsch oder zu teuer versichert. Wir sagen Ihnen, welche Versicherung Sie in welchem Lebensabschnitt brauchen, und geben einen Überblick über die Versicherungssparten. Musterbriefe erleichtern die Angebotseinholung. Mit Fragebogen für die computergestützte Versicherungsberatung!

110 Seiten .... 10,– DM / 5,11 €

16. Auflage 2000